MÉMOIRE

DE

MONSEIGNEUR TACHÉ

SUR

LA QUESTION DES ECOLES

EN RÉPONSE AU

RAPPORT DU COMITÉ DE L'HONORABLE CONSEIL PRIVÉ

DU CANADA.

MONTRÉAL

C. O. BEAUCHEMIN & FILS, LIBRAIRES-IMPRIMEURS

256 et 258, rue Saint-Paul

1894

MÉMOIRE

DE

MONSEIGNEUR TACHÉ

SUR

LA QUESTION DES ECOLES

EN RÉPONSE AU

RAPPORT DU COMITÉ DE L'HONORABLE CONSEIL PRIVÉ

DU CANADA.

MONTRÉAL

C. O. BEAUCHEMIN & FILS, Libraires-Imprimeurs

256 et 258, rue Saint-Paul

1894

MÉMOIRE DE MONSEIGNEUR TACHÉ

EN RÉPONSE AU

RAPPORT DU COMITÉ DE
L'HONORABLE CONSEIL PRIVÉ DU CANADA.

A Son Excellence le Gouverneur-Général en Conseil.

Qu'il plaise à Votre Excellence,

Le Très Honorable Ministre de la Justice m'a transmis un rapport du Comité de l'Honorable Conseil Privé, approuvé par Son Excellence, le 5 février 1894.

Ce document qui a trait aux Ecoles Catholiques des Territoires du Nord-Ouest, a été provoqué par certaines pétitions, adressées au Gouverneur-Général en Conseil, en faveur de la minorité catholique des Territoires, demandant le désaveu de l'Ordonnance No. 22, passée en 1892, dans l'Assemblée Législative des Territoires. Votre Excellence connaît ma position et les devoirs qu'elle m'impose, aussi je suis convaincu que je ne l'offenserai pas en prenant la respectueuse liberté de dire que je n'approuve pas certaines affirmations ou conclusions du rapport, parce que je les considère comme erronées et injustes.

Pour mettre plus de clarté dans mes observations, je les divise en deux parties.

Dans la première partie, je considérerai les allégués du rapport et ses conclusions.

Dans la seconde partie je dirai pourquoi et combien je regrette que le Conseil ait accepté le rapport de son Comité et ait passé un arrêté en Conseil, signé par Votre Excellence.

PREMIÈRE PARTIE

Dans cette première partie j'examinerai jusqu'à quel point l'Ordonnance scolaire de 1892, considérée dans son aspect général, a changé la position des Catholiques ; ensuite je montrerai jusqu'où les droits des Catholiques ont été méconnus sur certains points mentionnés dans le rapport du Comité.

1o. ASPECT GÉNÉRAL DE L'ORDONNANCE.—La minorité du Nord-Ouest a demandé le désaveu de la loi scolaire de 1892, parce qu'elle les prive de presque tous les droits dont elle jouissait, sous la loi de 1888 et parce que, comme ils le disent eux-mêmes :

" La dite Ordonnance, a placé dans des mains non catholiques le contrôle " absolu et la direction des Ecoles séparées Catholiques ; au point qu'on peut et de " fait on a changé presque complètement la distinction qui existait entre les Ecoles " Catholiques et les autres."

A cette plainte, faite d'une manière si générale, le Comité répond :

" Il appert d'après les faits que le désaveu de l'Ordonnance en question ne " satisferait pas les plaintes alléguées par les pétitionnaires, si ce n'est par le réta- blissement du Bureau d'Education, qui avait le contrôle des Ecoles dans les Terri- " toires avant que l'Ordonnance de 1892 ne fût passée ; à part cela, la loi et les " règlements concernant l'Education dans les Territoires ne différaient pas maté- " riellement, avant la passation de l'Ordonnance de 1892, de ce qu'ils sont aujour- " d'hui en ce qui concerne les points mentionnés dans les pétitions. Le désaveu " n'annulerait aucun des règlements dont on se plaint."

Cette assertion du Comité est peut-être formulée avec assez d'habileté pour surprendre l'assentiment de ceux qui ne connaissent pas les chan- gements qui ont eu lieu ; mais cette assertion, malgré toutes ses restric- tions, ne peut pas supporter l'examen des faits et de leurs conséquences. Pour éviter de trop longues discussions, la question peut parfaitement s'éclaircir par une simple comparaison, entre les droits dont jouissaient les catholiques des Territoires jusqu'en 1892, et la position qui leur est faite maintenant :

L'ORDONNANCE DE 1888 ACCORDAIT AUX CA-THOLIQUES, COMME TELS, LES DROITS SUIVANTS :	L'ORDONNANCE DE 1892 ACCORDE CE QUI SUIT AUX CATHOLIQUES :
1. " Le Lieutenant-Gouverneur en Con-seil pourra nommer et constituer un Con-seil d'Instruction Publique, composé de huit membres et dont trois seront catho-liques." (1) Les trois membres catholi-ques avaient droit de vote.	1. " Les membres du Conseil exécu-tif et deux protestants et deux Catholi-ques Romains formeront le Conseil de l'Instruction Publique. Les membres nommés *n'auront point droit de vote.*" (5)

2. " Et toute question sur laquelle il y aura égalité de voix, sera décidée dans la négative." (9) De sorte que les 3 catholiques, avec l'aide d'un seul Protestant pouvaient négativer tout règlement hostile.

"Il sera du devoir du bureau : (3 catholiques sur 8) (section 10.)

3. " De juger tout appel des décisions des inspecteurs des écoles, et de passer tels règlements ce concernant, qu'ils jugeront requis ;"

4. " De pourvoir à un système uniforme pour l'inspection des écoles et de passer les règlements qu'ils jugeront nécessaires, relativement aux devoirs des inspecteurs ;

5. " De pourvoir aux examens, classifications et licences d'enseignement et certificats des instituteurs ;

Les Catholiques avaient droit de vote pour :

6. " Faire les règlements nécessaires pour l'administration et la discipline générales ;

7. " Nommer des inspecteurs ;

8. " Choisir, adopter et prescrire une série uniforme de livres de classe ;

9. " Annuler le certificat de tout instituteur ; pour toute école qui n'est pas désignée comme étant protestante ou catholique.

10. " Le Conseil de l'Instruction Publique se formera en deux sections, l'une se composant des membres protestants, l'autre des membres catholiques." (11)

Il sera du devoir de chaque section : (Catholique aussi bien que Protestante et exclusivement :)

11. " D'avoir sous son contrôle et sous sa direction les écoles de sa section.

12. " De faire les règlements nécessaires pour l'administration et la discipline générales ;

13. " De choisir, adopter et prescrire une série uniforme de livres de classe ;

14. " De nommer des inspecteurs qui resteront en charge à la volonté de la division qui les aura nommés ;

15. " D'annuler le certificat de tout instituteur ;

16. " Il y aura un bureau général d'examinateurs pour les certificats des instituteurs ; une moitié des examinateurs devant être nommée par une section du bureau et l'autre moitié devant être nommée par l'autre section du bureau. (12)

17. " Chacune des sections du bureau aura le choix des auteurs pour l'examen des instituteurs, sur l'histoire et les sciences. (13)

18 " Elle aura le pouvoir de prescrire tous autres sujets additionnels pour l'examen des instituteurs des écoles de sa section. (L'Instruction Religieuse par exemple.)

Aucun vote pour négativer les règlements hostiles.

3. Rien.

4. Aucun pouvoir.

5. Ni vote ni action.

6. Rien.

7. Aucun pouvoir.
8. Aucun pouvoir.

9. Aucun pouvoir.

10. Pas de section

11. Ni contrôle, ni direction.

12. Aucun pouvoir en cela.

13. Point d'action sur ce sujet.

14. Aucun pouvoir.

15. Aucun pouvoir.

16. Aucun droit de nomination.

17. Aucun pouvoir de choisir livres ou auteurs.

18. Aucun pouvoir.

19. " Et dans tous les examens sur ces matières, les examinateurs de chaque section auront respectivement juridiction absolue."

20. " Il sera enseigné dans toutes les écoles les matières suivantes, savoir : " La lecture etc. (82). Dans les Districts Français toutes les matières pouvaient être enseignées en français.

21. " Il sera du *devoir* des Syndics de toutes les écoles d'y faire enseigner un cours élémentaire d'Anglais.

22. "Toute école conduite et dirigée en contravention des dispositions de la présente ordonnance, ou contrairement aux *règlements du Bureau de l'Instruction ou des sections* de ce Bureau perdra le droit qu'elle avait de recevoir les allocations (83).

23. L'Instruction Religieuse était permise dans les *Écoles séparées* dans aucun temps pendant les heures de classe, défendues dans les Ecoles Publiques avant 3 heures. (84).

24. " Une prière pourra être dite chaque matin à l'ouverture de l'Ecole." (85).

25. " Au désir des Syndics de toute Ecole, l'Inspecteur (catholique ou Protestant) devra examiner un instituteur ne possédant pas de certificat et employé ou devant être employé par tels Syndics." (89).

26. " Voir à ce qu'il n'y ait d'employés dans les Ecoles que les auteurs pris d'après la liste autorisée par le Bureau de l'Instruction *ou ses sections.*"

27. " Accorder des certificats provisoires aux candidats compétents recommandés par les *Syndics scolaires.*"

28. Par les clauses 177 et 178 on pouvait établir des " Ecoles-Unies" dans les *Institutions Catholiques* et avoir une branche d'Ecoles Supérieures, comme *Catholiques.*"

29. " Le Bureau de l'Instruction pourra, par ses propres règlements, autoriser l'établissement d'un cours d'Ecole Normale dans telles écoles et les commissaires de cette école seront obligés d'établir tel cours (Catholique' aussi bien que Protestant.")

19. Aucune juridiction même conjointement.

20. " Il sera enseigné dans toutes les Ecoles dans la *langue anglaise* les matières suivantes, savoir : La lecture etc."

28. " Il sera *permis* aux Syndics d'aucune Ecole de faire donner un cours primaire dans la langue Française."

22. " Toute Ecole conduite et dirigée en contravention des dispositions de la présente ordonnance, ou contrairement aux *règlements du Conseil de l'Instruction Publique ou du Surintendant* perdra le droit qu'elle avait de recevoir les allocations." (84).

23. " Aucune Instruction Religieuse ne sera permise *dans aucune Ecole*, avant la fermeture de telle Ecole." 85).

24. Pas de prière d'ouverture.

25. Aucun privilège.

26. Plus de droits pour les Catholiques, quant au choix des livres.

27. " Sur recommandation de l'Inspecteur, *le Surintendant* pourra accorder des Certificats Provisoires."

28. Là où il y a des Ecoles-Unies d'établies, le département de l'Ecole Supérieure de telles Ecoles sera *non confessionnel.*" (184) c'est-à-dire *non Catholique.*

29. Le département de l'Ecole Supérieure des Ecoles-Unies étant *non confessionnel*, le Département d'Ecole Normale doit l'être aussi et les Catholiques, comme tels, n'y ont pas droit.

Il est évident, par le tableau précédent, que l'Ordonnance dont on se plaint ainsi que les règlements qui en sont ou peuvent en être la suite, changent essentiellement la condition des Catholiques du Nord-Ouest, au sujet de leurs écoles ; il est inexact donc de dire que :

" Le désaveu de l'Ordonnance en question ne satisfera pas les plaintes " alléguées dans les pétitions."

Au contraire ces plaintes seraient parfaitement satisfaites puisqu'elles disent :

" La dite Ordonnance et les dits règlements sont préjudiciables aux droits et

" priviléges de vos pétitionnaires et de tous les autres sujets Catholiques de Sa
" Maje. ", dans les Territoires, au sujet de l'éducation."

Le rapport de l'Honorable Comité dit :

" Le désaveu n'annulera aucun des règlements dont on se plaint."

Au contraire, le désaveu rendrait le droit de modifier tous les règlements et de fait les abolirait tous ainsi que les dispositions contraires
à l'Ordonnance de 1888. Par exemple il abolirait l'office de Surintendant
et le pouvoir dont il jouit :

" De faire et d'établir des usages et règlements pour la conduite des écoles
" et pour instituer et prescrire les devoirs des instituteurs et leur classification."
" (Clause 7-b).

Les pétitionnaires n'ont pas d'objection à la nomination d'un Surintendant, mais ils sont fortement opposés à sa nomination lorsque, par
l'Ordonnance, il est entièrement et absolument soustrait au contrôle des
Catholiques, qui n'ont aucun moyen de se protéger contre les attaques
d'un tel fonctionnaire, dans le cas où il serait mal disposé. Les Catholiques, comme tels, ne peuvent point contrôler leurs écoles et la loi dont
on se plaint les abandonne dans une large mesure au bon vouloir du
Surintendant. Il peut être le meilleur des hommes et travailler sincèrement au succès des écoles Catholiques aussi bien qu'au succès des autres
écoles ; mais aussi, le Surintendant, dont le choix ne dépend pas des
Catholiques peut bien être l'ennemi le plus acharné de leurs institutions
et travailler, prudemment peut-être, mais sûrement, à leur destruction.

Les pétitionnaires avaient ceci en vue, ainsi que bien d'autres dangers, lorsqu'ils disaient :

" L'effet de l'Ordonnance est de priver les écoles Catholiques séparées du
" caractère qui les distingue des écoles Publiques ou Protestantes, et de les laisser
" Catholiques de nom seulement ; tel en est, nous le croyons, la conséquence évi
" dente et inévitable."

Les pétitionnaires ne sont pas entrés dans les détails possibles, (ce
qui aurait rempli un gros volume) parce qu'ils savaient que l'Ordonnance
dont ils plaignaient, ainsi que celle qui aurait été remise en force par le
désaveu, étaient toutes deux entre les mains de l'Honorable Conseil
Privé et ils se fiaient à l'intelligence et à la bonne volonté des hommes
distingués qui entourent Son Excellence, pour suppléer à ce qu'ils ont
volontairement omis, dans la *crainte d'exagérer* la longueur de leurs
requêtes.

2. Les droits des Catholiques sont méconnus sur plusieurs des points
examinés par le Comité. Le simple examen des dispositions de l'Ordonnance de 1892, dans son aspect général, est suffisant pour montrer combien cette loi est préjudiciable aux intérêts les catholiques et les raisons
qu'ils ont de demander son désaveu.

Je pourrais peut-être, et j'aimerais beaucoup à terminer ici mes remarques ; mais le rapport de l'Honorable Comité et les conclusions qu'il tirent me forcent à l'étude des points soumis par lui au jugement de l'Honorable Conseil Privé et que je fais suivre.

(a) INSPECTION.—Après des citations incomplètes, concernant l'inspection des écoles, le Rapport résume cette importante question par l'observation suivante :

" En comparant les devoirs des Inspecteurs des Ecoles sous l'Ordonnance de " 1888 et celle de 1892, telle qu'amendée, on verra qu'en pratique ils sont les mêmes.'

Je regrette beaucoup d'avoir à dire que cette observation est loin d'être exacte, elle ne peut donner qu'une idée erronée des droits enlevés aux Catholiques, concernant l'inspection de leurs écoles. Quelques remarques démontreront la vérité de mon assertion.

Le Bureau d'Education était formé de cinq membres Protestants et de trois membres Catholiques. Tous les membres avaient les mêmes droits, les trois Catholiques aussi bien que leurs cinq collègues protestants, sur toutes les questions d'intérêt général. Par exemple :

" Pour déterminer tout appel de la décisio. les Inspecteurs. Pour pourvoir à " un système uniforme d'inspection de toutes les Ecoles et pour faire des règlements " concernant les devoirs des Inspecteurs."

La loi ne donnait pas seulement aux Catholiques le pouvoir de prendre part à la préparation des règlements d'intérêt général, mais même elle divisait le Bureau général d'Education en deux sections différentes, chacune jouissant indépendamment de droits égaux. Par conséquent, la section Catholique

" Avait sous son contrôle et administration les Ecoles Catholiques."

L'office d'Inspecteur Catholique était aussi distinct de l'office d'Inspecteur Protestant que les Ecoles Catholiques étaient distinctes des autres écoles. Les Inspecteurs devaient visiter les écoles Catholiques, comme telles et en ce qui les distinguait des autres écoles. La section Catholique avait le droit de choisir les livres de ses écoles, de déterminer la langue dans laquelle se donnerait la plus grande somme d'enseignement ; la même section avait le droit de pourvoir à l'instruction religieuse ; elle avait le droit de s'assurer, par un examen conduit uniquement par des Catholiques, des aptitudes des instituteurs Catholiques, pour l'enseignement religieux et pour tout autre sujet additionnel prescrit par la section.

L'inspection des écoles Catholiques était faite et dirigée conformément aux vues des Catholiques. Toutes les garanties données aux parents, toutes les obligations des Inspecteurs à ce sujet, tout cela est annulé. L'inspection n'a plus son caractère distinctif ; les inspecteurs peuvent maintenant s'en acquitter, nonseulement sans idées Catholiques, mais même dans un esprit tout-à-fait opposé et les intéressés n'ont par eux-mêmes aucun moyen de corriger les abus dont ils peuvent avoir à se plaindre.

En comparant attentivement les devoirs des inspecteurs des écoles sous l'Ordonnance de 1888 et sous celle de 1892, il m'est impossible d'être d'accord avec l'Honorable Comité qui nous dit que :

" " Tous ces devoirs sont pratiquement les mêmes."

Je suis forcé d'avouer que l'honorable M. Haultain ne nous console que bien peu en disant que : "Sur quatre inspecteurs il y en a un qui est catholique." Le fait, il est vrai, prouve que le Conseil d'Instruction Publique n'exige pas que tous les inspecteurs d'Ecoles soient hostiles aux Catholiques ; mais, en dehors de cela, la nomination d'un inspecteur catholique ne prouve absolument rien. Pour moi, ce fait démontre clairement que l'office d'inspecteur n'est plus ce qu'il était, fût-il confié au même homme. Pour remplir ses fonctions d'inspecteur, le Rév. monsieur Gillis, tout en étant prêtre catholique, doit, maintenant qu'il est nommé en vertu de l'Ordonnance de 1892, faire son inspection d'une façon bien différente de celle qu'il devrait suivre, s'il était nommé par la section Catholique du Bureau d'Education en vertu de l'Ordonnance de 1888. Les deux fonctions, même remplies par le même homme, sont bien différentes dans leur exercice et leurs résultats.

Mes vues, à ce sujet, sont corroborées par le paragraphe No. 1 de la lettre qui m'a été adressée par le Rév. Père Leduc, le 17 février et qui est jointe à ce mémoire comme Appendice A.

(b) Bureau d'Education.—Le rapport de l'Honorable Comité admet que les dispositions, " diffèrent essentiellement " sur ce point. L'Ordonnance de 1888 donnait des droits au Bureau Général d'Education et des privilèges à ses deux sections, à la section Catholique comme à la section Protestante ; tandis que l'Ordonnance de 1892 prive pratiquement les Catholiques de tous les droits qu'ils avaient dans le Bureau Général d'Education et de tous les privilèges conférés à leur section.

Ceci est la base de toute la question des écoles. Les arguments plausibles et le plaidoyer le plus habile, contre l'ancien système, ou en faveur du nouveau sont simplement une perte de temps et n'ont de valeur apparente que si on perd de vue les changements radicaux, opérés par la suppression du Bureau Général d'Education et de ses sections. Là étaient les garanties offertes aux écoles catholiques, aussi bien qu'aux écoles protestantes, tandis que la conséquence pratique de l'Ordonnance de 1892 est de supprimer ces garanties pour les catholiques.

On peut en comparer les conséquences à celles d'une forte attaque de paralysie, qui n'ôte pas complètement la vie au corps, mais qui le prive de toute action indépendante et de tout moyen de s'aider.

(c) Examens.—Le rapport du Comité dit :

"Quoique la formation du bureau d'examinateurs soit différente sous la loi "actuelle, le Comité du Conseil Privé ne voit pas que le Bureau d'Instruction Pu-

"blique ait, en quelque manière, changé ou restreint le mode et la manière d'exa-
"miner les Instituteurs."

Je suis forcé de dire qu'une telle assertion ne peut pas donner une
idée juste et exacte de la condition imposée aux écoles catholiques, par
l'Ordonnance de 1892 ; cette injustice est due à l'oubli des droits et privilèges accordés par l'Acte de 1888.

J'admets que, sous l'Ordonnance de 1888, le Bureau d'Education
avait seul l'autorité

"De pourvoir aux examens, classifications et licences d'enseignement et certi-
"ficats des instituteurs."

Mais je suis fortement opposé à ce qu'on introduise dans cette clause
les mots :

"Sans égard pour aucune des sections,"

Et cela, pour la raison bien simple que les deux sections consti-
tuaient le Bureau Général. Si un membre de l'une des sections avait
proposé quelque règlement contraire aux vues des membres de l'autre
section, il est certain que ces derniers auraient combattu cette proposition.

Supposons, par exemple, qu'un membre catholique du Bureau aurait
proposé quelque chose de contraire aux vues des non-catholiques, il est
certain que les membres protestants s'y seraient opposés, non pas peut-
être, comme section, mais comme membres du Bureau Général représentant les intérêts protestants dans ce Bureau ; la même chose peut se dire
d'un Protestant proposant quelque chose d'adverse aux idées catholiques.

Le fonctionnement du Bureau Général nécessitait la bonne entente et
des concessions mutuelles entre ses membres "sans égard pour aucune
des sections," si vous le voulez, mais sauvegardant, en grande partie,
les vues de chaque section.

Maintenant les catholiques n'ont pas droit de vote dans le Conseil
d'Instruction Publique ; par conséquent ils n'ont aucune chance de faire
accepter leurs opinions, ni même de combattre les tentatives faites contrairement à leurs intérêts les plus chers. Je regrette beaucoup que "le
"Comité du Conseil Privé ne voie pas que la nouvelle loi ait, en quelque
"chose, changé ou restreint le mode et la manière d'examiner les Insti-
"tuteurs."

Les remarques suivantes démontreront peut-être plus clairement encore les changements et restrictions de la nouvelle loi.

Sous l'ancienne Ordonnance, il était statué comme suit :

"Une moitié du Bureau des Examinateurs sera nommée par chaque section
"du Bureau d'Education."

La section catholique avait donc le droit de nommer la moitié des
examinateurs.

La loi disait aussi :

" Chaque section du Bureau pourra choisir les livres pour l'examen des Insti-
" tuteurs, en histoire et en sciences."

Evidemment, les examens d'histoire et de science n'étaient pas con-
duits " sans égard pour aucune des sections."

De plus, l'ancienne loi décrétait que :

'" Chaque section aura le pouvoir de prescrire tous autres sujets additionnels
" d'examen pour les instituteurs des écoles de sa section."

Décidément ceci donnait pouvoir, à chaque section, d'exiger l'instruction religieuse comme partie de l'examen.

La loi ajoutait :

" Dans tous les examens sur tels sujets, les examinateurs de chaque section
" auront respectivement juridiction absolue."

Les Catholiques des Territoires du Nord-Ouest sont privés des priviléges sus-mentionnés, qu'ils exerçaient par leur section du Bureau ; ils
ont aussi perdu l'avantage de pouvoir se faire entendre dans le Bureau
Général lui-même, sur les autres matières concernant les examens ; il
faudra bien du temps pour les convaincre que la loi actuelle n'a " en quelque manière, changé ou restreint le mode ou la manière d'examiner les
instituteurs."

(d) ECOLES NORMALES.—L'Ordonnance de 1888 et de celle de 1892 sont
assez explicites pour montrer la différence qui caractérise ces deux lois,
par rapport aux écoles normales. L'Ordonnance de 1888 ne répudie pas
l'idée d'écoles normales Catholiques. Dans ses clauses 177, 179 elle pourvoit à ce qu'un département d'instruction supérieure soit attaché à ce que
la loi appelle " Ecoles Unies " et alors :

" Le bureau d'Education pourra par ses propres règlements autoriser l'éta-
" blissement d'un cours d'école normale dans telles écoles, Catholiques ou Protes-
" tantes suivant ce qu'est l'école unie elle-même."

L'Ordonnance de 1892, dans ses clauses 184 et 185, pourvoit, elle aussi,
à des arrangements analogues, avec les deux différences suivantes :

(a) " Pourvu que les certificats des instituteurs de la branche de l'école supé-
" rieure soient approuvés par le *Surintendant de l'Instruction Publique.*

(d) " Pourvu que là où il y a des écoles unies établies le département de l'école
" supérieure de telles écoles soit *non confessionnel.*"

La signification de ce dernier mot est toute particulière en ce pays.

La différence des dispositions de ces deux lois, quant aux écoles
normales, a échappé à l'observation de l'Honorable Comité, car s'il avait
remarqué cette différence il n'aurait pas pu dire :

" Il appert au Comité qu'avant l'Ordonnance de 1892, les écoles normales
" avaient été sanctionnées par le Bureau d'Education sans objections et qu'une pré-
" paration uniforme pour les professeurs avait été adoptée par et avec l'approbation
" des deux sections du bureau."

Le Comité n'aurait pas pu parler comme il l'a fait, si Monsieur Haultain avait pensé à informer l'Honorable Comité des règlements qui avaient été adoptés par le Bureau d'Education, le 14 Mars 1889 ; puis le 10 Septembre 1890.

Les instructions du 14 Mars 1889 sont pour les inspecteurs et le " Principal " des écoles unies. On y lit à la page 5 :

6. " Le cours d'études dans la branche d'enseignement supérieur des écoles " normales sera comme suit :

" (a.) Pour les *Ecoles Protestantes* : Lecture 6ème Livre, etc., etc.

" (b.) Pour les *Ecoles Catholiques Romaines :* Revue du cours intermédiaire, etc., etc.

Puis au sujet des sessions d'écoles normales on lit :

" 1. Toute école unie, (catholique aussi bien que protestante) aura, si tel est " le désir du Bureau d'Education, un département d'école Normale. "

Les règles suivantes furent adoptées et prescrites, le 10 Septembre, 1890 : (page 3)

" Les livres suivants sont prescrits pour les aspirants aux certificats de 3e " classe par *la Section Protestante* : la grammaire anglaise des écoles publiques d'On- " tario, etc., etc. ; par la *section Catholique Romaine*, la liste des livres qu'elle a publiée " et amendée, en ajoutant : etc., etc.

" Les sujets d'examens pour les certificats de 2e classe seront (tels et tels) pour " les écoles sous le contrôle de *la section protestante* et (tels et tels) pour les écoles sous " le contrôle de *la section Catholique Romaine.* "

A la page 4, on lit :

" Les livres suivants sont prescrits pour l'usage des aspirants aux certificats " de 2e classe : par la *section protestante* : Stupford, Littérature anglaise, etc., etc., par " la *section catholique romaine :* Ceux déjà publiés avec l'addition, etc., etc.

" La section 46 est amendée, en lui substituant ce qui suit : au lieu de la liste " de livres publiée, la liste suivante est prescrite, par *la section protestante*, pour les " Candidats aux certificats de 1ère classe. "

Suit la liste nouvelle : tandis que celle des livres prescrits par la *la Section Catholique Romaine* resta la même.

Page 7 :

" Le professeur à la tête du département d'instruction supérieure, dans toute " " école unie " (Catholique aussi bien que Protestante), sera désigné par le titre de " de " Principal. "

Page 8 :

" (3) Les matières d'examen seront préparées et les résultats constatés par le " Bureau des examinateurs. "

Dont la moitié était Catholique.

Page 9 :

6. " Le Cours d'études dans la branche de haut enseignement des Ecoles Unies " sera comme suit :

" Pour les *écoles protestantes*, *Standard V* tel qu'amendé dans le programme des " études, etc., etc.

" Dans les écoles *Catholiques Romaines* on repassera le Cours intermédiaire,.
" etc., etc.

Page 10 :

" 7. Chaque Ecole Unie aura, lorsque le Bureau d'Education le demandera,.
" un département d'école Normale.".

Page 12 :

" Tout élève suivant un Cours d'école Normale sera obligé d'assister aux clas-
" ses *Standard VI*, d'après le programme d'étude de la *section protestante* ; ou de sui-
" vre le cours supérieur indiqué par la *section catholique romaine.*"

Il est évident que tous ces règlements étaient ignorés de l'Honorable
Comité lorsqu'il a dit :

" Il n'y a rien qui indique qu'il dût y avoir une école normale pour *les protes-*
" *tants* et une autre pour les *professeurs catholiques romains* mais au contraire *une*
" *seule école normale pour tous.*

Pour plus amples informations, on peut consulter le paragraphe 2
de la lettre si importante, que m'a adressée le Rev. Père Leduc et qui se
trouve à l'Appendice A.

Les affirmations du Rev. Père sont corroborées par M. A. E. Forget
autrefois membre, lui aussi, du Bureau d'Education. Cet excellent ami de
nos écoles séparées, m'écrit en date du premier courant une lettre pleine
d'informations utiles, et à laquelle j'emprunte le premier paragraphe :
" Monseigneur,

" Conformément au désir de Votre Grandeur, le Rev. Père Leduc m'a remis
" une copie de la lettre qu'il vous a adressée, au sujet de notre question scolaire
" dans les Territoires. Les faits qu'il y relate et auxquels mon nom se trouve asso-
" cié sont encore tout frais à ma mémoire ; et comme ils sont conformes à mes pro-
" pres souvenirs, je puis sans la moindre hésitation, leur donner l'appui de mon
" témoignage."

Je recommande la lecture de la lettre, de M. Forget, à laquelle j'ai
emprunté le passage ci-dessus. Je l'ai jointe à ce mémoire comme appendice D.

Il n'est que naturel que l'Honorable Comité donne une interprétation favorable et généreuse à la clause 5 de certains règlements, qui ont
été faits au sujet des brevets à donner aux professeurs et qui ont pour
titre : "Personnes admissibles sans examen." Voyons quelle est la
portée véritable de ces règlements.

Les trois premières clauses établissent tout d'abord une distinction
odieuse entre les certificats donnés dans Ontario, Manitoba et ceux émis
dans les autres provinces de la Puissance ou dans les Iles Britanniques.

D'après la clause 4,

" Ceux qui ont reçu des degrés Académiques dans une Université des domai-
" nes de Sa Majesté peuvent recevoir des Certificats non professionnels."

La clause 5, celle précisement que l'on croit si favorable, se lit comme suit :

" Toute personne munie d'un certificat constatant la valeur de son éducation
" et émis par une institution autre que celles ci-dessus mentionnées, pourra recevoir
" tel certificat auquel le Conseil de l'Instruction Publique croira qu'elle a droit."

Le Rapport du Comité dit :

" Cette clause 5 semble avoir été préparée spécialement pour obvier aux diffi-
" cultés dans lesquelles se trouvent les personnes désignées par les pétitionnaires."

Malheureusement les espérances de l'Honorable Comité sont dissi-
pées par l'exemple que fournit le Rev. Père Leduc dans le paragraphe 3
de sa lettre (Appendice A). Le Rev. Père parle d'après son expérience
personnelle et ce qu'il dit est parfaitement clair et concluant.

J'ajouterai à sa preuve un extrait de la lettre à laquelle le Rev. Père
fait allusion et qui a été adressée par Mr. James Brown à la Révérende
Mère Bond, à Edmonton, le 1er Septembre 1893 :

" L'Inspecteur Hewgill n'avait pas le pouvoir d'endosser les certificats lors-
" qu'il a visité Edmonton le printemps dernier, cet endossement a cessé par l'Insti-
" tution de la formation à l'Ecole Normale. Depuis le milieu de l'été 1892 il n'y a
" plus qu'un moyen de s'assurer des Certificats professionnels et ce moyen c'est
" d'assister aux leçons de l'école Normale."

Cette affirmation de la part de celui qui était alors Surintendant de
l'Education prouve que " cette Clause 5 semble avoir été préparée " pour
d'autres que pour les membres des ordres religieux enseignants, voire
même pour ceux qui sont les mieux qualifiés. La Révérende Mère Bond
est incontestablement une institutrice de première classe et d'une grande
expérience de trente années en Angleterre et ailleurs.

Le paragraphe 4 de la lettre du Rev. Père Leduc (Appendice A)
donne un autre exemple de la position qui est faite aux membres des
Communautés enseignantes. Il est d'ailleurs fort agréable d'entendre
M. Haultain dire, dans son mémoire : .

" Que les règlements de l'école Normale n'ont trait à aucun des membres des
" Ordres religieux qui enseignent aujourd'hui dans le Nord-Ouest."

Fort bien pour aujourd'hui, mais si la clause 5 continue à être interprétée comme elle l'a été en 1893, elle n'exemptera aucun des Membres
des Ordres religieux d'assister aux sessions d'école Normale, là et quand
le Conseil de l'Instruction Publique trouvera à propos.

(c) LES LIVRES.—Le Comité dans ses observations sur le choix des
livres, semble oublier que chaque section du Bureau d'Education avait
une action propre et indépendante dans le choix des livres, aussi bien
que dans quelques autres matières. M. James Brown, secrétaire du
Bureau général ne l'était pas de la section Catholique, c'est pourquoi il
ne faut pas s'étonner que les informations qu'il a données soient incomplètes.

Tous les membres du Bureau avaient des droits égaux en ce qui
concerne le choix des livres pour l'examen des professeurs. Il est certain
que les membres catholiques ont fait tout en leur pouvoir pour, autant

que possible, harmoniser leurs vues avec celles de leurs collègues protestants et ces derniers, j'en ai la confiance, ont été animés d'un même désir. Les Membres du Bureau ne se réunissaient pas dans le but de se combattre ou de s'opposer systématiquement les uns aux autres. Des concessions mutuelles, bien entendu quand il n'y avait pas de sacrifice de principes, étaient sûrement de bonne politique ; vu surtout qu'il était bien entendu par tous que chaque membre conservait son indépendance personnelle. Cette bonne entente était rendue possible par le fait que chaque section avait exclusivement le choix de ses auteurs, sur certaines matières, et avait aussi exclusivement le choix de certains sujets particuliers, ainsi que la direction de l'examen de ses candidats.

Le rapport de l'Honorable Comité paraît avoir entièrement perdu de vue toutes ces dispositions de la loi.

Le choix des livres de classe, pour les élèves, était laissé entièrement à chacune des sections ; leurs membres respectifs n'avaient qu'à s'entendre entre eux-mêmes et cela à l'exclusion complète des membres de l'autre section.

Les Catholiques sont maintenant dépouillés de tous ces droits et ils n'ont absolument aucun pouvoir de choisir les livres qui leur conviennent. Cet état de choses m'impose la pénible obligation de dire à l'Honorable Comité qu'il a ignoré la situation lorsqu'il a affirmé :

" Le Comité ne peut pas voir que la plainte des pétitionnaires, à cet égard,
" soit bien fondée."

Pour appuyer son opinion sur ce sujet, le Comité a cru à propos d'insérer dans son rapport l'affirmation suivante fournie par le Chef de l'Exécutif de Regina et il dit :

" M. Haultain fait observer que le Conseil de l'Instruction Publique a sim-
" plement suivi l'exemple du Comité Catholique Romain du Conseil de l'Instruction
" Publique de la Province de Québec, lequel dit-il, a cessé de se servir des livres de
" lecture dits " Metropolitan Readers."

J'avoue que je ne m'attendais pas à un argument de ce genre. Quoi ! le Comité Catholique de Québec remplace le Metropolitan Readers par une autre série de livres de lecture tout aussi Catholiques ; et de ce fait, si simple et si inoffensif, on conclut que les Catholiques du Nord-Ouest ne devraient pas être mécontents de ce qu'on leur a enlevé le droit de choisir les livres de lecture pour leurs écoles et de ce que ce choix a été confié à d'autres, qui ont en éducation des vues différentes des leurs. Et dire que c'est par un raisonnement aussi étrange que l'on croit satisfaire la conscience catholique !

J'invite ceux qui désirent approfondir davantage ce sujet à voir ce qu'en dit le Rév. Père Leduc au paragraphe 5 de sa lettre (Appendice A.)

Quant à l'allégation que le Rév. M. Caron a consenti au changement de livres dans les Écoles Catholiques, on en trouve la réfutation dans la lettre que ce digne prêtre m'a écrite de Régina, le 24 février dernier et que je joins à ce mémoire (comme appendice B.)

Le paragraphe 8 de la lettre de M. Forget (appendice D.) corrobore le témoignage de M. Caron et l'exonère complètement de la responsabilité qu'on a voulu lui assigner.

La loi, en enlevant à la section catholique le choix des livres d'école, a ouvert la porte à la suppression des livres français et de l'enseignement de la langue française dans les écoles du Nord-Ouest. Ce déplorable résultat des règlements passés en vertu de l'Ordonnance de 1892, est indiqué d'une manière bien claire dans une lettre que le Rév. Père Leduc m'a adressée de Calgary, le 28 février dernier et qui est reproduite à l'appendice C.

Les changements qui ont eu lieu depuis 1892, et en vertu de l'Ordonnance passée cette même année, sont indiqués d'une manière bien frappante dans le paragraphe de la lettre de M. Forget (appendice D.)

Après cela, il ne faut pas s'étonner que l'auteur de la lettre précitée puisse y dire au paragraphe 9 :

" Comme résultat pratique nous avons donc à l'heure où je vous adresse ces " lignes, Monseigneur, l'étrange spectacle d'écoles catholiques administrées et " inspectées par des Protestants et dont le programme d'étude est déterminé et les " livres de classe soigneusement choisis d'après l'avis d'un Surintendant d'Educa- " tion Protestant. Voilà en quelques mots l'intolérable position faite à la minorité " catholique dans les Territoires, par l'Ordonnance de 1892 et les règlements du " Conseil de l'Instruction faits depuis la date de la mise en force de cette Ordon- " nance.

" Les Catholiques n'avaient-ils donc pas mille fois raison d'en demander le " désaveu et devrait-on s'étonner de leur profond désappointement à la nouvelle de " l'insuccès de leurs démarches."

(f) Écoles Séparées.—Les pétitionnaires disaient à l'appui de leurs demandes :

" L'effet de la dite Ordonnance, surtout au moyen des règlements passés (ou " qui peuvent être passés), en vertu de cette Ordonnance est de dépouiller les écoles " séparées catholiques du caractère qui les distingue des Écoles Publiques ou Pro- " testantes et d'en faire des écoles catholiques séparées, seulement de nom et ce " résultat est clair et inévitable."

Pour répondre à cette plainte, l'Honorable Comité cite les clauses 32, 36 et 83 de l'Ordonnance de 1892, par lesquelles les Catholiques, aussi bien que les Protestants, ont le pouvoir de créer des écoles séparées dans des circonstances particulières, et de les entretenir séparément et exclu- sivement. Il est certain que les Catholiques, aussi bien que les autres, continuent de posséder par ces clauses, un avantage que personne ne méconnaît; aussi les pétitionnaires ne nient pas l'existence des écoles séparées ; mais ils affirment qu'elles sont réduites simplement à exister. L'état des écoles catholiques est clairement démontré dans ce mémoire, et les pétitionnaires eux-mêmes ont indiqué l'objection la plus considé- rable (et elle n'est pas la seule) qu'ils aient contre la position actuelle faite à leurs écoles et ils disent :

" L'Ordonnance dont nous nous plaignons refuse à la minorité Catholique la

" direction et le contrôle des écoles Catholiques en ce qui concerne leur régie et dis-
" cipline, le choix des livres dont on doit y faire usage, l'inspection de ces écoles,
" l'octroi et le retrait des certificats des professeurs."

D'après la même loi, les écoles Catholiques sont sous le contrôle et la direction d'un conseil d'instruction publique dans lequel pas un Catholique n'a droit de vote. Le choix de tous les livres, tant pour les professeurs que pour les élèves, est entièrement dans les mains des protestants, aussi bien que la formation finale des professeurs et le droit de leur donner la permission d'enseigner. Les inspecteurs peuvent être tous protestants et, dans tous les cas, l'inspection doit se faire en dehors de toute considération pour les idées Catholiques. Les membres du Conseil de l'Instruction Publique et le Surintendant peuvent être protestants, franc-maçons, juifs, infidèles, matérialistes etc, et ils sont les seuls qui aient le droit de réglementer les écoles Catholiques. Telle est la situation. Les parents Catholiques et leur clergé font-ils donc preuve d'une susceptibilité excessive, lorsqu'ils s'alarment et demandent respectueusement aux autorités fédérales de replacer leurs écoles dans un état qui justifie le nom qu'on leur donne.

(g.) INSTRUCTION RELIGIEUSE.—Le Comité après avoir indiqué la différence qui existe entre la loi de 1888 et celle de 1892 par rapport à la suppression, dans cette dernière, des prières dans toutes les écoles et l'assimilation de toutes ces écoles au point de vue de l'instruction religieuse ajoute:

" Il n'y a pas d'autres dispositions dans l'Ordonnance de 1892 par rapport à
" l'instruction religieuse."

Non malheureusement, il n'y en a pas. L'Ordonnance de 1892 détruit le caractère Catholique qui distinguait nos écoles et ne leur laisse aucun point d'appui, sur lequel la foi des parents puisse se reposer avec confiance.

Pour avoir une idée complète de la position faite aux écoles Catholiques du Nord-Ouest, au point de vue religieux, il suffit de se souvenir des points suivants:

Pas de prières avant ou pendant la classe.

Point d'instruction religieuse (même pour les plus jeunes enfants) excepté pendant une demi-heure immédiatement avant la fermeture; précisément quand les enfants sont le plus fatigués, que l'obscurité, pendant les jours si courts de nos saisons d'hiver, les pousse à la dissipation, à l'ennui et à l'envie de retourner à la maison, et quand l'inquiétude des parents doit naturellement les porter à faire en sorte que leurs enfants laissent l'école aussitôt que la loi le permet; et elle le permet même avant l'instruction religieuse, si les parents le demandent.

Aucune instruction religieuse n'est requise des professeurs qui peuvent avoir leur permis d'enseigner, tout en étant parfaitement ignorants de l'instruction religieuse, qu'ils sont censés devoir donner. Plus que cela: le professeur peut être ennemi de la foi Catholique; il n'est res-

ponsable de son enseignement qu'à l'Inspecteur et au Surintendant, qui peuvent être aussi ignorants que lui en matière de religion et aussi mal disposés contre la doctrine Catholique.

Telle est la condition à laquelle les écoles dites Catholiques sont ou peuvent être réduites dans les Territoires du Nord-Ouest en vertu de la loi de 1892. Ne nous étonnons donc pas

" Que les changements faits à l'ordonnance, (celle de 1888) ont été tels qu'ils " ont causé beaucoup de mécontentement et d'alarmes de la part des pétitionnaires."

(h.) LA PLAINTE PRINCIPALE.—Le manque de renseignements sur ce que je viens de dire a pu seul permettre à l'Honorable Comité de faire l'affirmation suivante :

" Le Comité du Conseil Privé n'a pas constaté qu'aucun acte ou règlement fait " par le Conseil de l'Instruction Publique en vertu de l'ordonnance de 1892, soit con- " traire aux droits ou aux intérêts de la minorité dans les Territoires."

Quelques informations de plus (et il eût été facile de les obtenir), auraient certainement apporté des modifications à certaines conclusions du rapport. Il faut néanmoins se réjouir de ce que le Comité reconnaît la raison qui a déterminé les pétitionnaires à demander au Gouverneur Général en conseil d'apporter remède aux difficultés actuelles et aux dangers futurs, dont la loi de 1892 est nécessairement la source ; le rapport dit :

" Il semble que la plainte réelle des pétitionnaires est que leurs droits et " intérêts ainsi que les intérêts de ceux qui partagent leurs opinions ne seront pro- " bablement pas appréciés ni sauvegardés par un Conseil d'Instruction Publique " dans lequel ils ne sont point représentés par une seule personne qui connaisse et qui " partage leurs opinions et qui aurait droit de vote."

C'est précisément cela ; et c'est pourquoi l'Ordonnance elle-même est le coup fatal porté aux écoles Catholiques et la source d'où peuvent jaillir à tout instant les règlements les plus dommageables aux intérêts des Catholiques, qui seront pourtant obligés de s'y soumettre. Les avancés de M. Haultain, défendus avec tant d'habileté dans le Rapport de l'Honorable Comité, loin d'altérer mes convictions, ne font que les fortifier. Ces convictions, je les ai exprimées dans deux lettres que j'ai écrites à l'occasion d'un télégramme reçu du Très Honorable Premier Ministre du Canada et daté d'Ottawa le 1er janvier, 1894.

Ces lettres n'étaient nullement confidentielles. Je n'avais pourtant aucune intention de les publier et je ne l'aurais pas fait, si elles n'avaient pas été montrées à un journaliste, qui y a fait allusion dans ses écrits. Voici la première de ces lettres ;

" St. Boniface, 2 Janvier, 1894.

" Très Honorable et cher Sir John,

" Votre télégramme a été reçu la nuit dernière et je me hâte de vous répondre " ce matin tant par le télégraphe que par lettre.

" Je n'ai pas sous la main le texte complet des règlements qui ont été passés, en
" vertu de l'Ordonnance No 22 A. D. 1892. Je reconnais l'utilité de ces documents
" comme preuve de ce qui peut être fait au nom de cette Ordonnance elle-même ;
" aussi j'ai télégraphié et écrit à Régina pour obtenir ce que vous désirez.

" Permettez-moi d'observer que ces règlements ne sont qu'une preuve de ce qui
" peut arriver ; s'ils avaient été différés, cela ne prouverait rien en faveur de l'Ordon-
" nance, quoique les règlements eux-mêmes soient une preuve de plus du danger que
" renferme la loi. Le fait est que, en vertu de la dite Ordonnance, les Catholiques
" sont tout-à-fait à la merci des adversaires de leurs Ecoles et si l'on permet que cette
" Ordonnance demeure en force, c'est purement et simplement sacrifier les droits,
" les privilèges et les usages de la population Catholique et cela même dans les éta-
" blissements exclusivement Catholiques et français.

" Les dangers de l'Ordonnance dont nous nous plaignons, sont tellement mani-
" festes que tout d'abord nous n'avons pas pensé qu'il fût nécessaire de faire des péti-
" tions pour en demander le désaveu, certains que le gouvernement l'empêcherait
" de venir en force. Il semblait impossible que les dangers de l'Ordonnance pussent
" n'être pas remarqués. Maintenant que nous avons pétitionné, espérons que nous
" ne l'avons pas fait en vain. Les Catholiques sont faibles en nombre dans le Nord-
" Ouest, mais cela même impose au gouvernement l'obligation de les protéger.

" Avec le plus profond respect et estime,

" Je suis votre obéissant serviteur,

" † ALEX., Arch., de St. Boniface.

" O. M. I."

Le 3 janvier, je reçus trois des documents demandés ; je les expédiai
le lendemain avec la lettre suivante :

" St. Boniface, 4 Janvier, 1894.

" Très Honorable et Cher Sir John,

" Je vous envoie ci-inclus trois documents que je me suis procurés et qui sont
" marqués A. B. C.

" Vous remarquerez aussi que tous les professeurs, les religieuses comme les
" autres, sont obligés de passer l'examen professionnel prescrit après une *session* dans
" l'école normale. Ceci est actuellement en vigueur et le Conseil de l'Instruction
" Publique a le pouvoir de faire encore plus mal.

" Vous remarquerez facilement qu'aucun livre français et même qu'aucun livre
" Catholique ne peut être en usage dans les écoles du Nord-Ouest après le 2me
" *Standard*.

" J'insiste donc fortement pour le désaveu de l'Ordonnance des écoles, passée
" en 1892, sous le No 22 ; et aussi pour le désaveu des amendements faits à cette
" Ordonnance en 1893, sous le No 23.

" Il doit m'être permis d'ajouter que ces difficultés du Nord-Ouest sont le résultat
" de ce qui est arrivé à Manitoba. Les retards ne font qu'accroître les difficultés et
" ajoutent à l'injustice dont les Catholiques, d'origine française surtout, sont les
" victimes, eux qui ont été les pionniers dans ce pays. Quelle disgrâce pour le
" Canada, si l'on permettait à pareille injustice de continuer son cours sans l'entraver

" Avec le plus profond respect et estime,

" Je demeure votre obéissant serviteur,

" † ALEX., Arch. de St. Boniface.

" O. M. I."

Après avoir donné le détail de quelques particularités de l'ancien système, les pétitionnaires ajoutaient:

" Le système a fonctionné avec une entière harmonie et à la satisfaction générale de tous ceux qui prennent une part active à l'œuvre de l'éducation dans les territoires."

Le rapport du comité après avoir cité ce passage ajoute ironiquement:

C'est sous ce système que les règlements dont on se plaint aujourd'hui ont été faits."

Ce trait peut paraître aigu, mais il est vite émoussé quand on se souvient qu'il repose sur une assertion fausse et qui n'est nullement fondée soit en fait, soit comme conclusion.

(i) PÉTITIONS.—Le rapport dit:

" Les pétitionnaires semblent avoir pensé qu'ils pouvaient à peine demander avec confiance le désaveu de l'ordonnance."

Cette assertion est basée sur le fait que la prière des pétitionnaires renferme une alternative. Je puis assurer l'honorable comité que les pétitionnaires étaient entièrement convaincus qu'ils pouvaient demander avec confiance le désaveu; l'alternative indiquée dans leur prière y est insérée pour une raison bien différente. Ils ne peuvent guère ne pas croire qu'ils ont été bien mal récompensés parce que, dans la revendication de leur droits, ils ont dit qu'ils accepteraient le mode choisi par le gouvernement, pourvu que ce mode fût radical et efficace. Ils ont d'abord humblement prié Son Excellence de vouloir bien désavouer l'Ordonnance; puis, mais bien mal à propos (à ce qu'il paraît) dans leurs intérêts, ils en ont appelé à Son Excellence en conseil, en le priant de donner des *ordres* et une *direction* à l'assemblée législative et au conseil de l'Instruction Publique à l'effet de les déterminer à rappeler ou à amender la dite ordonnance; puis, parce qu'ils se sont servis de cette alternative, le rapport n'hésite pas à dire: " Les pétitionnaires semblent avoir pensé qu'ils pouvaient à peine demander avec confiance le désaveu."

Je prends la liberté respectueuse de rappeler à l'honorable comité que leur observation ne s'applique en rien à une des pétitions, tout comme elle est injuste à l'article des autres. En envoyant au Gouverneur Général en conseil les pétitions qui m'avaient été confiées pour transmission, j'ajoutais ma propre demande exprimée dans la forme la plus concise possible et je disais:

" Je joins mon humble requête à celles des pétitionnaires, pour prier que l'on remédie aux inconvénients dont nous nous plaignons. L'intention de priver les catholiques de leurs droits, en matière d'éducation, et d'abolir l'usage de la langue française, spécialement dans les écoles, est si manifeste qu'à moins qu'on ne l'entrave, l'injustice sera consommée."

" Certainement le Gouverneur Général en Conseil ne peut pas vouloir permettre une pareille violation de la loi qui a organisé les territoires.

J'ai donc la confiance que l'ordonnance et les règlements dont nous nous plaignons seront désavoués et votre pétitionnaire ne cessera de prier.

† "ALEX., Arch. de St. Boniface.

"O. M. I."

J'étais tellement convaincu que l'honorable Conseil privé ne pouvait pas manquer de voir les dangers de l'ordonnance que je crus alors inutile de l'aider, en lui signalant ces dangers.

L'Honorable comité a raison de dire que :

" Un appel dans le sens de l'acte de l'Amérique Britannique du nord, réfé-
" rant aux appels du Gouverneur Général en Conseil en matière d'éducation dans
" les provinces du Canada, n'est point établi pour les Territoires."

Ceci naturellement met de côté une des alternatives de la prière des pétitionnaires ; il n'en restait donc plus qu'une et en droit, le désaveu était la seule et unique prière soumise au bon vouloir du Gouvernement. L'Honorable comité ne dit pas qu'il n'a pas le droit de faire justice à cette demande, il glisse simplement sur ce point et rien de ce qui est demandé n'est accordé. En face de ce double refus, l'un faute de pouvoir, l'autre faute de vouloir, le comité ne se trouve pourtant point à l'aise et il cite l'acte constitutif des Territoires du Nord-Ouest, dont les pétitionnaires s'étaient réclamés, et il le cite comme preuve qu'en réalité les catholiques du Nord-Ouest ont droit à leurs écoles séparées, et qu'il est regrettable que ce droit ait pu être méconnu par l'ordonnance dont on se plaint, et le comité :

" Sent en lui la confiance que toute suggestion, basée sur l'autorité de Son
" Excellence, sera dûment considérée par l'assemblée et par le conseil, et le comité
" suggère que l'on entre en communication avec le Lieutenant Gouverneur des
" Territoires du Nord-Ouest, priant avec instance que l'on examine avec soin les
" plaintes indiquées par les pétitionnaires, que toute la question soit réexaminée
" par le comité Exécutif de l'Assemblée du Nord-Ouest, afin que par des amende-
" ments à l'ordonnance et aux règlements, qui peuvent être considérés comme
" nécessaires, on remédie aux inconvénients et aux appréhensions dont on pourra
" constater l'existence."

Il est bon de remarquer que la demande pressante dont il est ici question doit s'adresser aux hommes mêmes qui ont causé toute la difficulté et dont le chef a déclaré ouvertement et officiellement que les catholiques ne peuvent indiquer aucun sujet de plainte ou d'appréhension bien fondée.

Le temps seul indiquera quel peut être le résultat d'une politique aussi indéfinie et aussi incertaine.

(j) CONCLUSION.—Pendant ce temps, la semence du fanatisme et de la persécution religieuse est jetée dans les prairies de l'Ouest, cultivée avec soin à Régina, gardée et protégée par l'action parlementaire et les

soins officiels. Cette plante désagréable et dangereuse a déjà pris les proportions d'un grand arbre. Un ordre d'Ottawa aurait pu le déraciner;
mais non: on lui permet de croître et on se contente de conseiller à ceux
qui le cultivent d'en couper les rameaux les plus tortueux, si l'on voit
qu'ils excèdent les proportions voulues. On conseille aussi d'enter sur
son tronc raboteux quelques greffes nouvelles, afin qu'il soit possible d'y
cueillir des fruits d'une saveur moins désagréable pour les individus et
moins dangereux pour la société.

J'ai lu et relu le Rapport de l'Honorable Comité avec un profond
sentiment de surprise et de peine; quelques-uns peuvent le considérer
comme un habile plaidoyer contre les intérêts Catholiques; pour ma
part, je regrette excessivement de ne pas pouvoir le regarder comme un
document complet et encore moins comme un jugement impartial. Ce
Rapport n'est en somme que la répétition des assertions de M. Haultain; cependant il ne faut pas l'habileté si bien connue des membres du
Comité, pour découvrir que le mémoire de M. Haultain peut en grande
mesure et aisément être réfuté par le texte même des Ordonnances, dont
on parle dans le Rapport.

Je comprends facilement qu'à distance et sans la connaissance pratique et entière de tous les détails du fonctionnement des deux systèmes
scolaires, des erreurs aient pu se glisser dans le rapport même en dépit
de la meilleure volonté; mais ce que je ne puis pas comprendre, c'est
que les Catholiques aient été laissés dans une ignorance complète des
assertions de M. Haultain, en opposition à leurs pétitions. Personne
n'a eu la condescendance de faire connaître au Vénérable Monseigneur
Grandin, ou à ceux qui le représentaient ou à qui que ce soit des représentants de la population Catholique, ce que le chef de l'Exécutif du
Nord-Ouest avait communiqué à Ottawa, contre leurs prétentions. Les
assertions et les vues de l'auteur de la loi, dont nous nous plaignons,
ont été acceptées, sans que l'on ait donné aux intéressés la moindre
chance de les réfuter.

Les pétitions des laïques Catholiques étaient toutes signées par des
hommes qui ont la confiance de leurs compatriotes et qui ont été élus,
par les contribuables Catholiques comme commissaires des différents arrondissements scolaires. Quelques-uns de ces hommes sont des fils du
Nord Ouest; ils avaient plus que les autres habitants du pays des titres
à la protection et à un traitement plus considéré, car ils ne ressentent
déjà que trop les changements qui se sont effectués dans leur pays,
depuis que ce dernier est devenu terre Canadienne.

Les autres laïques, signataires des pétitions, sont de nouveaux colons,
dont plusieurs ne sont venus dans le Nord-Ouest que parce qu'on leur a
donné l'assurance qu'ils y auraient leurs écoles séparées, dans lesquelles
leurs enfants pourraient être élevés suivant leurs convictions religieuses
et instruits dans leur propre langue; malgré tout cela, la minorité se voit
refuser la protection à laquelle elle a droit.

Deux des pétitions étaient signées par cinq vieux missionnaires, qui comptent collectivement plus de *deux cents années* d'y service actif dans le Manitoba et le Nord-Ouest; qui ont vieilli au milieu des dangers, des fatigues et des privations inévitables dans un pays où ils ont pénétré comme pionniers de la foi et de la civilisation. Il y a quarante-sept ans, entre autres choses, je montrais à lire à des enfants du Nord-Ouest; le Révérend Père Lacombe en faisait autant, il y a quarante-deux ans; c'était là aussi une des occupations de l'Aimable Monseigneur Grandin, à Athabaska, il y a déjà trente-neuf ans, et ainsi de suite. Il y a trente-cinq ans que les dévouées Sœurs de la Charité ont planté leur tente et commencé à instruire les enfants de l'extrême Ouest. Malgré toutes ces circonstances, on ne nous a pas fait la faveur, que dis-je, la justice de nous faire connaître quelles étaient les objections formulées contre nos requêtes. Les pétitionnaires ont été traités comme s'ils étaient incapables d'apprécier la nature de leurs plaintes, et cela jusqu'au point de leur dire qu'ils ont eux-mêmes approuvé ce qu'ils condamnent aujourd'hui. Au lieu de donner, à ceux qui souffrent l'occasion de réfuter leurs adversaires, les vues de ces derniers sont acceptées avec confiance et on leur donne une publicité qui ne peut pas manquer de permettre à l'opinion publique de se préjuger. Des journaux, munis de documents officiels, et sous une inspiration qui ne saurait être douteuse, s'efforcent de diriger l'opinion vers un courant d'idées hostiles. Embarrassés par un sentiment dont ils ne peuvent pas se défendre eux-mêmes, ils essaient de se tranquilliser et espèrent tranquilliser les autres en disant : "Ce n'est pas "une question de sentimentalisme." Il est vrai que l'on doit gouverner les hommes par la raison, mais il est vrai aussi que ce ne doit pas être à l'exclusion des sentiments. Le siège de l'intelligence, aussi bien que le reste de l'organisme humain, emprunte sa solidité au foyer de la vie. Lorsque le cœur bat faible et lent, le cerveau perd de son activité et de sa force. La Sagesse Suprême sait comment s'harmoniser avec l'infinie charité, pour le gouvernement du Monde.

La minorité du Nord-Ouest et ceux qui réclament ses droits auraient pu être traités d'une manière bien différente, sans que ceux qui gouvernent se rendissent coupables d'un excès déraisonnable de *sentimentalité*.

———

Ce qui précède était écrit, lorsque j'ai reçu la copie d'une lettre, adressée à un des Honorables Ministres d'Ottawa par M. le Juge Rouleau de Calgary. L'Honorable Magistrat a été, pendant plusieurs années, membre du Bureau d'Education et de la section catholique. Servi par son expérience et ses études légales, il est parfaitement en mesure de connaître la loi de 1888, qu'il a appliquée pendant plusieurs années, et d'apprécier le changement radical opéré dans les écoles catholiques, par l'Ordonnance de 1892. Son opinion emprunte un poids tout particulier à sa position et comme juge et comme membre du Bureau d'Education. Avec sa permission, je publie ici la lettre en question.

[Copie]   Calgary, 30 Mai 1893,

" Cher Monsieur.

" A différentes reprises mon attention a été spécialement attirée sur l'Ordon-
" nance des écoles, passée à la dernière session de l'Assemblée Législative des
" Territoires du Nord-Ouest.

" Après examen sérieux de cette Ordonnance, j'en suis venu à la conclusion,
" qu'elle était *ultra vires* des pouvoirs de l'Assemblée Législative, pour, entre autres
" raisons les suivantes :

" 1o. Parce qu'il n'est pas pourvu par la dite Ordonnance à ce que les écoles
" séparées soient gouvernées et contrôlées par la minorité, mais qu'elles soient de fait
" contrôlées et gouvernées par la majorité. En un mot : nous n'avons aucun
" système d'écoles séparées, tel que pourvu par l'esprit de la loi Chap. 50, Sect. 15 des
" Statuts Revisés.

" 2o. Parce que la section 83 de la dite Ordonnance No. 22 de 1892 pourvoit à
" ce que l'anglais soit obligatoire et enseigné dans toute école, ce qui est con-
" tradictoire à l'esprit de la sect. 110 du Chap. 50 Statuts Revisés, amendée
" par la Sect. 18 ch. 22-54, 55. Vict (1891).

" 3. Parce que la Sect. 32 de la dite Ordonnance (1892) est en contradiction à la
" Sect. 14 de l'Acte des Territoires du Nord-Ouest (ch. 50 S. R.) en ce qu'elle limite
" les droits de la minorité plus que ne le fait la dite section 14.

" Bien entendu que la principale objection que les Catholiques ont contre l'Or-
" donnance des écoles est le contrôle absolu, le choix des livres d'enseignement
" (Text-Books), l'inspection de leurs écoles, etc, par la majorité protestante. Les
" écoles séparées n'existent que de nom ; elles n'existent pas de fait. Pour les raisons
" ci-dessus, il me semble que le Gouvernement Fédéral devrait désavouer cette
" Ordonnance sous le plus court délai possible, et ainsi empêcher de graves injustices
" envers la minorité catholique.

" J'ai l'honneur d'être,

" Votre tout dévoué serviteur,

" Signé),   CHAS. B. ROULEAU."

SECONDE PARTIE

POURQUOI ET COMBIEN JE REGRETTE QUE L'HONORABLE CONSEIL PRIVÉ
AIT ACCEPTÉ LE RAPPORT DE SON COMITÉ ET PASSÉ UN ARRÊTÉ EN
CONSEIL APPROUVANT CE RAPPORT.

Je ne surprendrai personne en disant que je regrette profondément
l'arrêté en Conseil qui a accepté le rapport que j'ai examiné dans la
première partie de ce mémoire. Je regrette cet Acte du Gouvernement
Fédéral, parce que, comme je l'ai prouvé, il s'appuie sur des données incomplètes et erronées, dont il tire des conséquences que je ne puis
pas admettre. Je regrette cet acte parce qu'il est la consommation d'une
injustice flagrante, et constitue un danger réel pour les institutions qui
nous gouvernent.

Je suis Métropolitain d'une Province Ecclésiastique dans laquelle se
trouvent tous les Territoires du Nord-Ouest. Je suis l'Evêque d'un dio-
cèse qui renferme dans ses limites et Manitoba et la plus grande partie
d'un des districts du Nord-Ouest ; Regina, la capitale des Territoires,
est dans l'Archidiocèse de St-Boniface. Tout cela prouve jusqu'à l'évidence que je ne sors pas de mon rôle, en élevant la voix en faveur de
nos écoles. Je ne fais que réclamer les droits des fidèles confiés à ma
charge pastorale, en demandant la protection des institutions dans lesquelles les enfants catholiques peuvent recevoir une éducation conforme
à la foi de leurs parents et aux enseignements de leur Eglise.

Tout en accomplissant ce devoir de Pasteur des âmes, je suis certain
que je n'étonnerai pas l'Honorable Conseil Privé d'Ottawa. en ajoutant
que j'ai le droit, et même l'obligation, de ne point perdre de vue la position qui m'a été faite par les autorités civiles de mon pays, lorsqu'elles
ont demandé ma coopération pour la solution des difficultés qui avaient
surgi à la Rivière Rouge, avant l'entrée du Nord-Ouest dans la Confédération. Je demande donc à être entendu, non seulement à cause de ma
position dans l'ordre ecclésiastique, mais bien aussi à cause de la position qui m'a été faite dans l'ordre politique. On ne peut pas s'être servi
de moi comme médiateur pendant les difficultés de 1870, et m'obliger
aujourd'hui à garder le silence, lorsque je suis témoin de la violation des
promesses qui, plus que tout le reste, ont assuré la pacification.

Comme thèse générale, je n'ai pas la moindre hésitation à dire que
ce qui se passe aujourd'hui à Manitoba et dans le Nord-Ouest, par rapport aux écoles, est une violation flagrante et inexplicable des assurances données à la population catholique de ces vastes contrées. On
m'avait confié la transmission de ces assurances, précisément parce que
j'étais le premier Pasteur de cette population. Mon caractère d'évêque

n'a pas empêché les autorités civiles de demander mon aide dans la solution des difficultés politiques et aujourd'hui je suis d'avis que la mission politique qui m'a été confiée et que j'ai remplie doit ajouter du poids à ma voix, lorsque je dis qu'on a trompé la population de la Rivière Rouge, en leur demandant d'accepter un arrangement, qu'elle aurait repoussé de la manière la plus énergique, si on lui avait donné à entendre, ou si elle avait pu soupçonner ce qui se passe aujourd'hui.

Pour établir mes prétentions d'une manière plus claire, je dois d'abord rapporter quelques faits. C'est en mars 1869, et à Londres, que l'on arrêta les conditions du transfert de la Terre de Rupert et du Nord-Ouest à la nouvelle Confédération Canadienne ; les parties à cet arrangement étaient le Gouvernement Impérial, les Commissaires du Canada et la Compagnie de la Baie d'Hudson. Au cours des négociations, on ne fit aucune mention des anciens habitants du pays. Plus tard, Lord Granville, dans une dépêche à Sir John Young, Gouverneur-Général, avertit le Gouvernement du Canada, "que les anciens habitants du pays devront " être traités avec tant d'attention et de considération qu'ils puissent être " préservés des dangers du changement qui se prépare."

On ne tint aucun compte de cet avis si plein de sagesse ; au contraire, les mesures prises alors furent telles que Lord Granville, dans sa dépêche du 3 novembre 1869, n'hésita pas à dire :

"Le Gouvernement du Canada a, par cette mesure, occasionné une explosion "de violences dans les Territoires."

Le Noble Lord ajoutait plus tard :

"Ces procédés ont certainement augmenté la responsabilité du Gouvernement "Canadien."

Les autorités impériales redoutèrent tellement les conséquences du mécontentement populaire qu'elles se chargèrent directement de la direction de cette affaire afin, d'après l'expression de Lord Granville :

"D'épuiser tous les moyens d'explication et de conciliation avant de recourir "à la force."

C'est sous l'inspiration de cette politique de conciliation que le Gouvernement Canadien demanda à mon Vicaire-Général, M. Thibault, et à mon ami M. de Salaberry, de vouloir bien se rendre à la Rivière-Rouge, pour y calmer les appréhensions du peuple. Sir Donald A. Smith reçut une commission, sous le grand sceau du Canada, et partit pour le Fort Garry, afin d'y exercer sa salutaire influence comme médiateur et pour employer à cette fin les ressources de son habileté et les moyens que sa position élevée mettaient à sa disposition.

J'étais alors à Rome, jouissant du bonheur que les grandes et imposantes cérémonies et délibérations du Concile œcuménique du Vatican ne pouvaient manquer de procurer à un évêque tout dévoué à la sainte Église, lorsqu'une dépêche télégraphique me demanda à Ottawa. Par considération pour le Gouvernement, le Souverain Pontife voulut bien me dispenser des règles ordinaires prescrites par le Concile lorsqu'un évêque devait s'absenter. Sa Sainteté voulut bien de plus m'accorder la faveur d'une audience privée. Le Pape me bénit ainsi que la mission que j'allais accomplir et ajouta d'un ton ému :

" Je bénis le peuple de la Rivière Rouge, à la condition qu'il prête une oreille " attentive à vos conseils et qu'il vive dans la paix et la charité."

Je laissai la Ville Eternelle le 12 janvier 1870 ; rendu à Montréal, je rencontrai Sir George Cartier qui me dit avec sa franchise ordinaire :

" Je suis heureux de vous voir, nous avons fait des fautes, vous devez nous " aider à les réparer."

Je me rendis avec lui à Ottawa et demeurai dans la Capitale pendant une dizaine de jours. A plusieurs reprises je rencontrai le Gouverneur-Général et ses ministres. Son Excellence m'appela plusieurs fois en audience privée soit seul, soit avec quelques-uns de ses conseillers. J'eus une entrevue avec tout le ministère et plusieurs avec les principaux membres. Quand on crut que j'étais au courant de toutes les circonstances de la situation, mon départ pour le Nord-Ouest fut fixé au 17 février. La veille de ce départ j'eus l'honneur d'un long entretien avec le Gouverneur-Général. Son Excellence me remit elle-même une lettre autographe que je traduis ici :

" Ottawa, 16 février 1870.

" Mon cher Seigneur Evêque,

" Je désire vivement vous exprimer, avant votre départ, le sentiment profond " de reconnaissance que je sens vous être dû pour avoir quitté votre séjour à Rome, " abandonnant les grandes et intéressantes affaires dans lesquelles vous y étiez " engagé pour entreprendre à cette saison rigoureuse, la longue traversée de l'Atlan- " tique et un voyage prolongé à travers ce continent, dans le but de rendre service " au Gouvernement de Sa Majesté, en acceptant une mission dans l'intérêt de la " paix et de la civilisation.

" Lord Granville était très désireux de profiter, dès le début, de votre concours " si utile, et je me réjouis cordialement de ce que vous avez bien voulu l'accorder " avec tant de promptitude et de générosité."

" Vous êtes pleinement au courant des vues de mon gouvernement, et le " Gouvernement Impérial, ainsi que je vous en ai informé, désire ardemment voir " le Territoire du Nord-Ouest faire partie de la Puissance à des conditions équi- " tables."

" Je n'ai pas besoin d'essayer de vous fournir des instructions pour vous guider " au-delà de celles contenues dans le message télégraphique qui m'a été envoyé " par Lord Granville de la part du Cabinet Britannique, dans la proclamation que " j'ai rédigée en conformité à ce message et dans les lettres que j'ai adressées au " Gouverneur McTavish, à votre Vicaire-Général et à M. Smith."

" Dans cette dernière, j'écrivais : " Tous ceux qui auraient des plaintes à " faire ou des désirs à exprimer sont invités à s'adresser à moi comme au " représentant de Sa Majesté, et vous pouvez affirmer avec la plus entière " confiance que le Gouvernement Impérial n'a pas l'intention d'agir autrement ni " de permettre que d'autres agissent autrement que dans la bonne foi la plus

" entière vis-à-vis les habitants du Nord-Ouest. Le peuple peut compter que le
" respect et l'attention seront étendus aux différentes croyances religieuses, que le
" titre à toute espèce de propriété sera soigneusement sauvegardé et que toutes les
" franchises qui ont subsisté ou que le peuple se montrera qualifié à exercer seront
" dûment continuées ou libéralement conférées."

" En déclarant le désir et la détermination du Cabinet Britannique de Sa
" Majesté vous pourrez en toute sûreté vous servir des termes de l'ancienne
" formule : Le droit prévaudra en toute circonstance."

" Je vous souhaite mon Cher Seigneur Evêque, un heureux voyage et le
" succès de votre bienveillante mission."

" Croyez-moi avec tout respect,

" Fidèlement vôtre.

(Signé),   JOHN YOUNG."

Avec une pareille lettre en main, il n'y a certainement pas témérité
de ma part d'affirmer que j'ai le droit et même l'obligation d'indiquer la
violation manifeste des promesses qu'elle contient. La Législation de
Manitoba et du Nord-Ouest sur les écoles, est contraire aux assurances
données et tant qu'on ne remédiera pas d'une manière efficace et convenable à cet état de choses, je resterai convaincu que l'équilibre social est
rompu en Canada et que cette perturbation est le résultat :

1° De la violation de la promesse royale ;

2° Du sacrifice de l'autonomie fédérale ;

3° De l'abandon de la minorité aux injustes vexations de la majorité.

(i.) VIOLATION DE LA PROMESSE ROYALE. — Lorsque j'eus l'honneur
de rencontrer le Gouverneur-Général à Ottawa, en 1870, il insista d'une
manière toute particulière sur la valeur des garanties qu'il offrait, puisqu'il n'agissait pas simplement d'après l'avis d'un ministère responsable,
mais bien comme le représentant direct de notre bien aimée Souveraine ;
ayant, comme le disait Son Excellence, reçu une direction spéciale, à cet
effet, du gouvernement de Sa Majesté.

Comme preuve de cette mission spéciale, Son Excellence en faisant
allusion à sa proclamation du 6 décembre 1869 me dit :

" J'ai rédigé cette proclamation d'après un message télégraphique qui m'a
" été envoyé par Lord Granville de la part du cabinet Britannique."

Cette proclamation n'avait pas encore été promulguée à la Rivière
Rouge ! elle me fut remise avec prière de lui donner la plus grande publicité possible, surtout parmi la population catholique. Son Excellence
attira mon attention sur le passage suivant :

" Par l'autorité de Sa Majesté, je vous assure, qu'après notre union avec le
" Canada, tous vos droits et privilèges civils et *religieux* seront respectés."

La lettre même qui me fut remise, et que j'ai citée plus haut prouve,
elle aussi, que le Gouverneur agissait au nom de Sa Majesté ; autrement
il n'aurait pû me dire :

" Je désire vivement vous exprimer avant votre départ le sentiment profond
" de reconnaissance que je sens vous être dû pour avoir quitté votre séjour à Rome,...
" dans le but de rendre service au gouvernement de Sa Majesté."

Son Excellence me fit aussi connaître que mes services avaient été
désirés par le Lord secrétaire des colonies et elle m'écrivait :

" Lord Granville était très désireux de profiter, dès le début, de votre concours
" si utile et je me réjouis cordialement de ce que vous avez bien voulu l'accorder
" avec tant de promptitude et de générosité."

Faisant allusion à nos nombreuses et longues conversations, Son
Excellence ajoutait :

" Le Gouvernement Impérial, ainsi que je vous en ai informé, désire ardem-
" ment voir le Territoire du Nord-Ouest faire partie de la Puissance à des conditions
" équitables.
" Le Gouvernement Impérial n'a pas l'intention d'agir autrement ni de per-
" mettre que d'autres agissent autrement qu'avec la bonne foi la plus entière vis-à-
" vis les habitants du Nord-Ouest."

Son Excellence était si désireuse que je persuadasse la population
de la Rivière Rouge qu'elle n'avait rien à craindre, au sujet de sa religion,
que dans la lettre qu'elle me remit, elle ajouta une nouvelle promesse
aux assurances données dans sa proclamation et la lettre dit :

" Le peuple peut compter que le respect et l'attention seront étendus aux
" différentes croyances religieuses."

Si la proclamation émanée par le représentant de Notre Bien Aimée
Souveraine, en son nom et d'après la direction spéciale des ministres de
Sa Majesté ; si la lettre qui m'a été remise à moi-même par Son Excellence pour corroborer les assurances les plus solennelles données par
" autorité de Sa Majesté ; " si tout cela signifie quelque chose et
n'est pas un non-sens, cela signifie que : *après l'union avec le Canada tous
les droits et priviléges des différentes croyances religieuses devraient être traités
avec respect et attention.* La population Catholique des domaines de Sa
Majesté ne pouvait pas être exclue de ces avantages, puisque la proclamation du Gouverneur était surtout pour eux, ainsi que la lettre que
Son Excellence m'adressait.

Eh bien ! les convictions religieuses des Catholiques sont bien connues
au sujet de l'éducation de leurs enfants ; ces convictions sont les mêmes
toujours et partout ; elles sont telles que les fidèles et leurs pasteurs
s'imposent toutes sortes de sacrifices et se soumettent à une foule d'inconvénients, plutôt que de s'en départir.

Donc une population Catholique ne jouit pas de la liberté religieuse
lorsqu'on l'empêche d'avoir des écoles conformes à ses idées et à ses convictions. Ceci etait bien connu du Gouverneur Général du Canada, lorsqu'il a promis respect et attention pour les différentes persuasions religieuses ; lorsqu'il a assuré les Catholiques du Nord-Ouest que leurs droits
et priviléges en matière de religion, seraient respectés. C'eût été une

moquerie de sous-entendre qu'on ne respecterait pas leurs convictions religieuses, au sujet de l'instruction. Cette moquerie, les Catholiques sont à la subir aujourd'hui, tant à Manitoba que dans le Nord-Ouest. Les Catholiques seuls sont privés du respect et de l'attention, dont sont entourés les autres persuasions religieuses ; c'est à tel point que les Protestants ont des écoles de leur goût, qu'ils gouvernent eux-mêmes ; tandis que les Catholiques sont privés de cet avantage et cela précisément à cause de leurs convictions religieuses.

En 1890, le gouvernement de Manitoba avait songé à une loi qui devait modifier et les écoles Protestantes et les écoles Catholiques, au point de les assimiler toutes, par la suppression de toute instruction religieuse. Le projet n'a pas réussi, au moins pour ce qui regarde les écoles Protestantes. Ces écoles sont restées ce qu'elles étaient, *plus* l'obligation pour les Catholiques de contribuer à leur maintien.

Les écoles Catholiques au contraire ont cessé d'être reconnues par la loi ; elles sont privées de leur part légitime de l'octroi législatif ; elles sont privées même de tout moyen légal de s'assurer des secours. Plus que cela ; si les Catholiques de la Province n'acceptent pas le système qui est si cher aux convictions protestantes, les propriétés scolaires des Catholiques dans toute la Province, devront être confisquées et remises aux Municipalités, dans plusieurs desquelles les Catholiques n'ont aucune action si ce n'est l'obligation de payer et les taxes municipales générales et les taxes spéciales, imposées pour le soutien des écoles protestantes.

Tel est le respect et l'attention accordés, dans Manitoba, à une des persuasions religieuses qui, d'après la promesse royale, devait être aussi respectée et considérée que les autres.

Dans la première partie de ce mémoire, j'ai montré, sous son vrai jour, la condition des écoles catholiques du Nord-Ouest, depuis cette Ordonnance de 1892, que le Gouvernement d'Ottawa a refusé de désavouer.

Plus astucieux que le Gouvernement de Manitoba, celui des Territoires a laissé aux écoles catholiques leur existence, mais il les a dépouillées de ce qui constitue leur caractère propre et assure leur liberté d'action.

Les nouvelles lois scolaires de Manitoba et du Nord-Ouest sont une violation palpable et manifeste des assurances données, " au nom de Sa Majesté et par son autorité." Les convictions des Catholiques au lieu d'être traitées avec la considération et le respect promis aux différentes persuasions religieuses, sont dépouillées de droits et privilèges qui devraient être considérés comme naturels et inaliénables, dans un pays où l'on affirme qu'il y a égalité religieuse et liberté de conscience.

Le Gouverneur Général m'écrivait :

" **En déclarant le désir et la détermination du Cabinet Britannique de Sa** " **Majesté, vous pourrez en toute sûreté vous servir de l'ancienne formule :** *Le droit prévaudra en toute circonstance.*"

Je me suis servi des termes indiqués ; ils ont été respectés dans notre législation scolaire, pendant vingt ans ; mais depuis 1890 le démenti a été donné à " l'ancienne formule."

Je sais, mieux que qui que ce soit au monde, quelle est l'impression, que l'on m'a demandé de transmettre aux mécontents de la Rivière Rouge ; et maintenant que les assurances, alors données, ne sont point respectées, je proteste énergiquement contre une pareille injustice et contre la violation d'une promesse, que l'on disait alors être *formulée par autorité royale.*

2. Sacrifice de l'Autonomie Fédérale.—On parle beaucoup de l'obligation pour le Pouvoir Central de respecter les droits des Provinces Confédérées et de l'Autonomie des Provinces. Ceci n'est que juste et nécessaire au bon fonctionnement de nos institutions politiques. D'un autre côté, ceci ne peut pas vouloir dire que les autorités locales sont toutes puissantes et absolument indépendantes, ni que tout tombe sous leur contrôle absolu, même les questions d'intérêt général et les obligations encourues avant la formation de ces mêmes Provinces.

Le Pouvoir Fédéral a, lui aussi, *sa propre autonomie* et il a le droit comme l'obligation de la sauvegarder, afin de maintenir son intégrité. Ce devoir n'affranchit pas le Canada du lien colonial ; il ne soustrait pas sa législation au veto impérial pas plus qu'il ne le constitue en un état indépendant. Des restrictions, légitimement établies et appliquées avec discrétion, par une autorité supérieure ne sont pas un empiètement sur les droits d'un pouvoir subalterne ; spécialement quand ce dernier doit son existence à ces mêmes restrictions. Ces notions sont sans doute élémentaires, mais je les considère comme nécessaires pour saisir la signification véritable de ce que j'ai à dire.

Au commencement de 1870, il n'y avait pas de Province de Manitoba, ni de gouvernement dans les Territoires du Nord-Ouest. Le Canada ne possédait rien et n'avait absolument aucune juridiction dans ces vastes contrées.

Oublieux des restrictions de son autonomie fédérale, le Canada outrepassa sa juridiction et occasionna par là les difficultés de la Rivière Rouge. Le pays était à cette époque purement et simplement une possession britannique, la Compagnie de la Baie d'Hudson s'étant, moyennant considération, desistée de ses prétentions ou de ses droits. Le Gouvernement impérial consentait à transférer le pays au Canada, aux conditions stipulées en 1868, ajoutant à ces dernières d'autres conditions résultant du mouvement insurrectionnel qui avait été causé par l'entrée prématurée du Canada dans le pays.

Le Nord-Ouest ne pouvait pas entrer dans la Confédération, comme terre conquise puisque :

"Les troupes ne devaient pas être employées pour imposer la souveraineté du Canada sur la population de la Rivière-Rouge, si cette dernière refusait de l'admettre."

(Lettre de Sir F. Roger, 22 Mars 1870.)

Le Canada ne pouvant pas conquérir, il lui fallut négocier, pour s'assurer l'admission du Nord-Ouest dans sa Confédération, et pour ce, il devait :

" Accepter la décision du Gouvernement de Sa Majesté sur tous les " points de la liste des droits des colons," afin de satisfaire les délégués, qui avaient été appelés pour négocier. Ces négociations sur les points convenus devaient lier de part et d'autre, autrement on n'aurait pas pu les qualifier de négociations ni d'une entente sur les conditions auxquelles les établissements de " la Rivière-Rouge devraient être admis dans la Puissance."

Le 3 mai le Gouverneur Général pouvait télégraphier à Lord Granville :

" Les négociations avec les délégués sont terminées d'une manière satisfai- " sante."

Tout cela devait se faire et s'est fait sans empiéter sur l'autonomie de la confédération canadienne ; mais rien de cela ne pouvait se faire ni ne s'est fait, sans imposer au Canada des obligations nouvelles et spéciales, qu'il aurait à respecter et à faire respecter par tout le pays qu'il voulait acquérir et dans toutes les provinces et territoires qu'il croirait pouvoir, plus tard, circonscrire dans son vaste domaine. L'accomplissement de ces obligations, de la part du Gouvernement Fédéral, ne peut pas être considéré comme un empiètement sur les droits de la province de Manitoba et les Territoires du Nord-Ouest, puisque ces obligations ont été acceptées par le Canada, avant même la création du Manitoba et avant l'organisation des territoires.

Autrement, il vaudrait autant dire qu'Ottawa agit contrairement à l'autonomie des Provinces et des territoires, en nommant des Lieutenant Gouverneurs, établissant des bureaux de postes et en collectant les douanes etc., etc.

Supposons que les Assemblées Législatives de Winnipeg ou de Régina prennent fantaisie, un bon jour, de passer des lois qui, d'une manière ou d'une autre, se rapporteraient aux sujets indiqués plus haut ou à quelqu'autre semblable, est-ce que par hasard Ottawa hésiterait un seul instant à désavouer ces lois ? Si ensuite les autorités locales se plaignaient de la violation de leurs droits, on ne tarderait pas à leur signifier que les droits entraînent des obligations ; que le Gouvernement fédéral est tenu, lui aussi, de protéger sa propre autonomie et que le désaveu n'est pas autre chose que l'usage de ses prérogatives. Le pouvoir fédéral alors aurait mille fois raison, comme il a mille fois tort, aujourd'hui, de se soustraire à ses obligations. Les obligations sont en réalité plus sacrées et plus inaliénables que la revendication d'un droit. L'autorité peut se désister d'une réclamation même juste, mais elle ne peut pas se soustraire à une obligation certaine.

Examinons quelles sont les obligations du gouvernement et du parlement fédéral, par rapport à l'éducation dans les pays qui ont été l'objet des négociations de 1870.

Les délégués du Nord-Ouest ont porté à Ottawa et y ont soutenu une certaine *liste des droits*. L'article 7 avait trait aux écoles et demandait des écoles séparées et une distribution équitable des argents scolaires afin, suivant l'expression du Gouvernement Général :

" Que le rapport et l'attention fussent étendus aux différentes persuasions " religieuses."

On ne fit aucune objection à cette demande des délégués ; au contraire, on les assura qu'elle aurait son entier effet et de part et d'autre la réponse favorable à cette demande fut considérée comme une des conditions de l'entrée du Nord-Ouest dans la confédération. Autrement le Gouverneur Général n'aurait pas pu causer la satisfaction qui a été éprouvée et exprimée par le Gouvernement Impérial, à la suite du télégramme du 3 mai disant :

" Les négociations avec les délégués sont terminées d'une manière satisfai-" sante."

Les délégués ont donc demandé des écoles séparées, avec le droit à une juste proportion des octrois scolaires. La demande a été accueillie favorablement par les Ministres, qui négociaient, au nom du Gouvernement Canadien ; et Lord Granville, au nom du Gouvernement Impérial a écrit à Sir John Young, le 18 mai 1870 :

" Je saisis cette occasion pour vous exprimer la satisfaction avec laquelle j'ai " appris, par votre télégramme du 3 courant, que le Gouvernement Canadien et les " délégués en sont venus à une entente sur les conditions auxquelles les établisse-" ments de la Rivière Rouge devraient être admis dans la puissance."

Pour nier ces faits, il faudrait être complètement ignorant des négociations.

Je sais qu'on a fait des objections contre ce que j'avance ici, mais ces objections n'ont ni poids ni valeur. Par exemple, on a dit " que les délégués n'étaient pas les représentants du peuple du Nord-Ouest." Cette objection est absolument futile et la preuve c'est que le gouvernement canadien les a reconnus comme délégués, a négocié avec eux comme tels et ce, à la connaissance avec l'approbation et à la satisfaction du Gouvernement Impérial.

On dit aussi que " la liste des droits préparée à la convention publique au Fort Garry ne fait aucune allusion aux écoles et qu'on" n'a pas parlé des écoles à la convention. Cette autre erreur se dissipe par la connaissance des faits.

Sir Donald A. Smith, Commissaire Canadien à la Rivière-Rouge, pendant les troubles, est incontestablement un témoin digne de foi pour ce qui s'est passé à la convention, à laquelle il a pris une part si prominente. Cette convention à réuni au Fort Garry vingt représentants de la

3

population anglaise et aussi vingt représentants de la population française. Sir Donald A. Smith a fait un rapport officiel sur tous ces procédés de la convention; ce rapport se trouve dans les documents de la session 1870 No. 12. L'honorable commissaire reconnaît que les détails publiés par le Journal "The New Nation" sont assez exacts.

Or le "New Nation" rapporte que le 9e article de la liste des droits, tel que préparé par le Comité de la Convention, se lit comme suit:

"Article 9. La somme de $15000 sera appropriée annuellement pour les "*écoles*, chemins, ponts et chaussées."

Le Journal ajoute:

"M. K. McKenzie secondé par M. Riel proposa que la somme demandée fût "portée à $25000. L'amendement de M. McKenzie l'emporta et l'article 9 ainsi "amendé fut adopté sur division, 27 votant pour l'affirmative et 9 pour la néga-"tive."

Les opposants craignaient qu'on ne compromît la cause en demandant si peu. Ainsi la liste des droits adoptée par la Convention, et soumise tout d'abord à l'Honorable Smith, demande par son article 9:

"Qu'une somme de $25000 soit appropriée chaque année *pour les écoles, etc.*"

En réponse, l'Honorable Commissaire Canadien dit:

"Je suis certain qu'une somme même plus élevée que celle mentionnée ici "sera affectée aux besoins en question."

Il est donc évident qu'on s'est occupé des écoles, pendant la Convention, et qu'une appropriation annuelle a été demandée pour cette fin, dans la "liste des droits" préparée par cette Convention; de plus l'Honorable Commissaire Canadien n'a pas hésité à assurer le peuple que leur demande serait plus que satisfaite par le Gouvernement du Canada.

Il est vrai qu'on n'a pas alors parlé d'une manière *explicite* des écoles séparées, mais les circonstances prouvent que telle était au fond la demande des intéressés. On n'avait jamais eu dans le pays d'autres institutions scolaires que les écoles confessionnelles et je suis convaincu que ni les Protestants ni les Catholiques, présents à la convention, n'en désiraient d'autres.

Tous, dans cette convention, reconnaissaient des droits égaux aux deux sections de la population. Si quelqu'un y avait émis l'idée de priver les Catholiques de leur légitime part de l'octroi demandé pour les écoles, il est évident que cette proposition aurait été repoussée sans hésitation et par tous.

L'article 7 de la *Liste des Droits*, qui a été prise en considération à Ottawa, ne contredisait donc en rien la demande de la Convention au sujet des écoles; elle en donnait purement et simplement la véritable signification et, on ne saurait trop le répéter, c'est dans ce sens qu'elle a été comprise et acceptée par les négociateurs.

Je n'ignore pas que l'acte de Manitoba a été interprété dans un sens défavorable aux droits actuels des Catholiques; néanmoins, et malgré mon respect et ma soumission pour les tribunaux de mon pays, je n'hésite pas à affirmer que cette question n'est pas réglée d'une manière juste et satisfaisante. De grâce, que l'on me comprenne: Les Cours ne se sont prononcées que sur l'interprétation du texte de la loi; elles n'ont point examiné le reste de la question. Il est évident que la phraséologie de la 22e clause de l'Acte de Manitoba n'a pas réuni l'opinion unanime des savants Juges qui ont examiné sa signification. La première sous-clause a été considérée, par les plus hauts tribunaux de Manitoba, du Canada et de l'Angleterre, avec les résultats suivants:

La Cour du banc de la Reine de Winnipeg s'est prononcée d'une manière défavorable à la minorité; trois juges contre, et un en faveur. Les cinq juges de la Cour Suprême du Canada ont été unanimes en interprétant la loi d'une manière favorable à la minorité; c'est pourquoi, en Canada, sur les neuf juges qui se sont prononcés sur cette loi, passée en réalité pour protéger la minorité, six ont déclaré qu'en effet la loi atteint son objet et exprime l'intention des législateurs.

La Cause ayant été ensuite portée devant le Comité judiciaire du Conseil Privé en Angleterre y a subi une défaite. On m'assure que les juges n'ont pas été unanimes et dans ce cas la cause de la minorité aurait eu l'appui d'au moins la moitié de tous les juges, qui en ont donné l'interprétation.

Cette divergence d'opinion entre les tribunaux ou entre leurs membres n'est pas de nature à procurer une grande satisfaction à la minorité; puisque ce résultat, quoique douteux, prive cette minorité des droits garantis par les négociations, et qui ont été reconnus comme certains, pendant les vingt années qui ont suivi la création de Manitoba. Il faut bien avouer que la justice humaine est incertaine et que les lois faites par les hommes sont souvent bien mal définies.

L'opinion de la Cour Suprême du Canada a été demandée par le Gouvernement Fédéral, sur certains points indiqués par lui et en dehors de certaines raisons et des faits, qui demandent une attention particulière dans une cause si importante pour le bien-être de la minorité. Cette consultation, nouvelle dans le pays, a révélé une nouvelle divergence d'opinion. Six questions ont été soumises au tribunal; sur une d'elles, trois juges sur cinq ont donné une opinion favorable à l'appel de la minorité. Sur les cinq autres au contraire, trois des cinq juges ont opiné contre cet appel. Que va-t-il advenir de cela? L'opinion de la Cour ne lie personne; le Gouvernement conserve sa responsabilité et le Parlement ses pouvoirs. A quoi vont se déterminer les amis et les adversaires de la liberté d'enseignement? Cette cause sacrée est actuellement dans une condition alarmante, tant dans Manitoba que dans le Nord-Ouest. Cet état de choses, je ne puis que le répéter, est diamétralement opposé aux intentions des Législateurs qui, en passant les lois, dont l'interprétation est aujourd'hui défavorable, avaient bien certainement l'intention de protéger la minorité que l'on opprime.

Il ne peut pas y avoir deux opinions sur l'intention qu'avaient les législateurs d'Ottawa, quand ils ont voté la clause des écoles de Manitoba, 1870. Tout prouve jusqu'à l'évidence que le but était de protéger la minorité, soit qu'elle dût être protestante ou catholique. Toutes les circonstances qui ont environné cette législation, imposent la même conclusion ; les négociations demandées par le Gouvernement Impérial et le Gouvernement du Canada, pour arriver à une entente qui satisferait le peuple du Nord-Ouest et dissiperait ses craintes ; la requête des délégués, demandant des écoles séparées ; les réponses satisfaisantes données à ces demandes des délégués, les promesses du Gouvernement ; le fait même de l'introduction d'une clause pour les écoles dans l'acte de Manitoba ; la discussion de cette clause dans le Parlement ; tout, absolument tout, prouve que les Législateurs étaient tenus et avaient la volonté de protéger la minorité. L'opinion que j'exprime ici est celle déjà exprimée par plusieurs des hommes éminents qui ont pris part tant à la rédaction qu'à la discussion de cette clause et qui ont été unanimes à déclarer qu'elle avait été insérée dans l'Acte, précisément pour protéger les Minorités.

Que l'on fasse une enquête à ce sujet et je suis certain qu'on ne trouvera pas un seul témoin qui oserait venir affirmer sous serment que la loi dont il est question n'avait pas été passée avec l'intention d'accorder la protection demandée ; tandis que d'autre part, il y a de nombreux témoins qui n'hésiteraient pas à donner leur témoignage sous serment, pour affirmer que la clause 22 a été introduite dans l'Acte de Manitoba a été votée, dans la persuasion où l'on était que cette clause assurerait à la minorité de la nouvelle province la protection des droits acquis avant son entrée dans la Confédération, et aussi la continuation des droits qui pourraient être accordés après qu'elle serait devenue province Canadienne. Nier ceci, c'est simplement fermer les yeux à l'évidence et refuser de tirer les conclusions naturelles que cette évidence impose à tous les partis politiques, ainsi qu'à toutes les classes de citoyens, de quelqu'origine et croyance qu'ils soient ; ce refus ne serait que l'abandon criminel d'une obligation impérieuse.

On dira encore, mais la loi n'est pas claire ; les juges ne se sont pas entendus sur son interprétation ! Eh bien, si les trois branches de la Législature d'Ottawa n'ont pas pu s'exprimer de façon à ce que l'on puisse interpréter leurs paroles conformément à leurs vues, qu'ils remédient à cet inconvénient et qu'ils législatent aujourd'hui d'une manière claire et suivant les intentions qui ont déterminé la Législation de 1870. Mais que l'on écarte de nous l'injustice ; fallût-il pour cela changer les clauses de l'acte Constitutionnel de Manitoba. Cette clause 22 est pire qu'une lettre morte et restera comme un monument disgracieux d'une erreur législative, et toutefois les décisions judiciaires continuent d'affirmer que cette loi, non seulement ne signifie rien dans le sens de protestation, mais que de plus elle prive la minorité de la province de Manitoba de la protection accordée aux autres provinces canadiennes par l'Acte Impérial de 1887, clause 93.

Il y a certainement assez de sens pratique dans le pays et assez d'habileté pour passer une loi qui exprime clairement ce que l'on a l'intention de dire. Au point où en sont les choses aujourd'hui, la minorité de Manitoba est dans une bien plus mauvaise position que toutes les autres provinces. Les Catholiques ont perdu le bénéfice de l'usage, (practice) par lequel leurs écoles ont été reconnues et aidées pendant les cinquante années de leur existence qui ont précédé l'entrée du pays dans la Confédération ; on refuse à ces mêmes Catholiques les assurances qui leur ont été données pour les déterminer à devenir citoyens de la Confédération ; on les prive de tous les droits et privilèges qui leur ont été conférés par la loi, depuis leur union vers le Canada jusqu'en 1890. Si déplorables que soient ces écarts ils ne satisfont pas les persécuteurs ; une nouvelle loi vient d'être passée à la dernière session ; elle a été sanctionnée, Vendredi dernier, par le Lieutenant Gouverneur de Manitoba et cette loi décrète la confiscation de toutes les propriétés et maisons d'écoles qui appartiennent aux Commissions scolaires catholiques et cela, quand ces propriétés ont été acquises et ces maisons ont été construites exclusivement avec l'argent des catholiques. Le seul moyen, pour cette population opprimée, de se soustraire à cette cruelle confiscation, c'est de soumettre aveuglément ses écoles à tout ce que ceux qui appliquent la loi, commanderont dans ces mêmes écoles, quelque contraire que les règlements puissent être aux convictions religieuses des propriétaires.

Est-il possible que tout cela puisse être toléré ?

Dans les territoires du Nord-Ouest, on a eu un certain respect pour la lettre de la loi ; les écoles séparées ont leur existence ; l'Ordonnance et ceux qui l'administrent se contentent d'enlever aux écoles catholiques tout ce qui peut les caractériser comme telles ; sans paraître se douter que l'esprit de la loi fédérale est violé de la façon la plus ouverte et la plus arbitraire. Trompé par de fausses informations, non seulement Ottawa a décidé qu'il n'y avait pas de raison de désavouer l'Ordonnance de 1892, on va même jusqu'à dire aux catholiques qu'en réalité et dans la pratique l'Ordonnance ne leur enlève rien. La persécution contre les catholiques est tolérée sous prétexte de respecter l'autonomie provinciale et territoriale. Et l'autonomie fédérale qu'en advient-il ?

La dignité et la prospérité d'un pays, qui se gouverne lui-même, ne consiste pas seulement dans la protection de ses droits et privilèges mais bien aussi dans l'accomplissement de ses devoirs et obligations. Le Gouvernement est juge du degré de protection qu'il se doit à lui-même. D'un autre côté ceux en faveur desquels il a contracté des obligations, ont le droit d'en réclamer l'accomplissement. La voix de ceux qui souffrent ne peut pas être étouffée sans inconvénients, tant pour eux-mêmes que pour les autres. Le Canada ne peut pas tolérer l'injustice sans abandonner par cela même l'exercice de ses droits et l'accomplissement de ses obligations. Ce serait *le sacrifice de l'autonomie fédérale.*

(3) ABANDON DE LA MINORITÉ AUX VEXATIONS DE LA MAJORITÉ. Pour tout sujet Britannique, il devait suffire d'avoir démontré que les droits

des catholiques à leurs écoles séparées, dans Manitoba et le Nord-Oue.t, repose sur l'honneur même de l'Empire, qui a été engagé par les assurances données officiellement au nom et " par l'autorité de Sa Majesté. "

Pour tout Canadien, digne de ce nom, il devait suffire d'avoir prouvé que la justice la plus élémentaire demande le respect des conditions qui ont été stipulées, et auxquelles le Canada a été partie intéressée, puisqu'il a accepté l'accommodement sans lequel il ne serait pas aujourd'hui en possession du pays, qui couvre la moitié de ses domaines.

A ces considérations spéciales et d'un ordre si élevé, je puis ajouter d'autres motifs qui sont, il est vrai, d'une application commune et ordinaire mais qui ne sont pas pour cela sans importance. Je sais que la minorité ne devrait pas être maltraitée, précisément parce qu'elle est la minorité et que dans toute société bien organisée, comme dans toute famille bien conduite, il doit y avoir une protection pour les faibles. Un père de famille sait fort bien s'interposer, pour protéger ses enfants les plus faibles, contre leurs frères plus forts. La grande République voisine n'a pas hésité à se jeter dans une guerre civile longue et sanglante, pour protéger les nègres des états du Sud. Comment le Canada peut-il rester spectateur inactif des souffrances d'une classe de ses enfants qui demandent protection.

Que tous et chacun pèsent les conséquences désastreuses que peuvent entraîner les faux principes que l'on invoque aujourd'hui contre nous.

La Confédération Canadienne n'est qu'à sa vingt-septième année d'existence, Manitoba à sa vingt-quatrième et voilà déjà que les Catholiques de cette Province sont ostracisés. Non-seulement ils sont privés de leur part légitime des deniers publics, affectés à l'éducation, mais même les taxes qu'on leur impose pour des fins scolaires sont pour le bénéfice d'écoles conduites contrairement à leurs convictions religieuses. Plus que cela : les propriétés scolaires de ces mêmes catholiques sont frappées de confiscation, quoique ces propriétés aient été acquises par l'argent des Catholiques, sans aucun secours étranger; et nos législateurs d'Ottawa toléreraient tout cela ! Où un pareil système conduira-t-il le pays ?

Aujourd'hui, c'est la spoliation et la confiscation arbitraire; demain ce pourra être l'emprisonnement : Puis, si la majorité le veut, puisque l'on dit qu'elle est sans contrôle, ce pourra être la déportation ou la mise en force des lois pénales. Manitoba a déjà vu un de ses enfants mis hors la loi, lorsque pourtant on lui avait promis protection et immunité.

On doit convenir que c'est un jeu dangereux que de traiter les minorités comme si elles étaient des quantités insignifiantes, dont on ne doit pas tenir compte.

Une épingle est bien le plus petit des articles de toilette; si on en fait l'usage auquel il est destiné, il peut contribuer à l'élégance et au confort d'un vêtement; mais si ce petit article est jeté sans précaution sous le talon, il peut bien gêner celui qui en ferait un pareil usage. Bientôt l'imprévoyant sentira sa démarche embarrassée et retardée, fût-il le plus élégant et le plus prompt des marcheurs. Si cet homme persiste à ne pas reconnaître son erreur, elle pourra lui occasionner des affections nerveuses bien incommodes et susceptibles des plus désastreuses conséquences.

Quelque chose de semblable peut se produire dans toute organisation sociale. Une minorité, si petite et si faible qu'elle puisse paraître, aura toujours son influence. Cette minorité, traitée avec la justice et les égards auxquels elle a droit, peut ajouter et ajoutera certainement à la force et à l'honneur d'un pays ; mais si cette même minorité est méprisée et si, au lieu de lui assigner la place qui lui convient, on veut la fouler aux pieds, oh ! alors on peut s'attendre à un résultat bien différent.

Après tout, cette minorité opprimée aujourd'hui n'est pas même, numériquement parlant, aussi insignifiante qu'on paraît le croire. Dans le Nord-Ouest les Catholiques sont à peu près un cinquième de la population blanche, tandis que dans Manitoba ils sont presque un septième de toute la population, ce qui veut dire que même dans Manitoba, les Catholiques sont plus nombreux, en proportion du reste de la population, que les Protestants ne le sont, dans la province de Québec, par rapport aux Catholiques.

Si je ne me trompe, il y aurait une opinion exprimée dernièrement à la Cour Suprême, qui pourrait s'appliquer à la Province de Québec de la même manière qu'on voudrait l'appliquer à Manitoba.

Je sais que la majorité dans Québec ne tentera jamais de dépouiller la minorité de cette province des avantages que la loi lui accorde, en matière d'éducation. Je suis fier et heureux que les dispositions, si bien connues de mes compatriotes et coréligionnaires, puissent m'inspirer cette conviction et cette confiance.

Cependant si, par impossible, la majorité dans Québec songeait à priver la minorité protestante des droits et privilèges, qui lui ont été reconnus avant son entrée dans la Confédération et qui ont été sanctionnés par la loi depuis ; oui, si l'on faisait une pareille tentative, nous serions les témoins de la plus violente commotion que le pays ait jamais vue. D'Halifax à Victoria, de l'Ile de Sable à l'Ile Charlotte, par eau et par terre, tout le pays et tous ses habitants seraient mis en mouvement pour protester contre l'injustice, la mauvaise foi, l'empiètement, etc., etc.

L'excitation serait telle, qu'à Ottawa on aurait vite fait de désavouer la loi provinciale. Alors, l'autonomie provinciale aurait à battre en retraite devant l'autonomie fédérale ; tout cela serait fort bien et les évêques canadiens catholiques seraient des premiers à joindre leurs voix à celles des Protestants de Québec, pour demander qu'on traite ceux-ci avec justice.

Comment se fait-il donc qu'une tentative semblable soit appréciée si différemment, quand elle est dirigée contre la minorité de Manitoba et du Nord-Ouest ? Hélas ! la seule explication possible c'est qu'il y a deux poids et deux mesures, selon la violence de ceux qui crient ou les dispositions de ceux auxquels on applique ces poids et ces mesures.

Le dernier recensement général du Canada (et il n'est pas partial à notre endroit) divise la population comme suit en chiffres ronds : deux millions de Catholiques et deux millions huit cent mille non-catholiques, Protestants et autres. La différence est considérable sans doute, mais elle ne l'est pas assez pour justifier l'opinion qui semble prévaloir, que les Catholiques ne doivent pas être traités comme les autres et qu'ils sont tenus d'accepter en silence, voire même avec reconnaissance, tout ce qui est décidé par leurs concitoyens de croyances différentes.

Nous avions la paix dans Manitoba et le Nord-Ouest, au sujet de l'éducation. Les promesses parties d'Angleterre avaient été répétées à Ottawa et leur écho bienfaisant se répercutait dans les prairies de l'Ouest. Alors vint un homme qui souffla sur ce pays un souffle de discorde et de fanatisme.

Des politiciens n'hésitèrent pas à se servir de cette arme dangereuse, pour défendre leur propre position ; ils feignirent d'avoir le désir d'abolir toute instruction religieuse dans toutes les écoles. Ils ne pouvaient pas ne pas prévoir le résultat ultérieur de leur tentative. La majorité éleva la voix contre ce projet, au moins pour ce qui concernait ces écoles, et cette majorité a fait un pacte avec les hommes de la politique. La majorité dit aux auteurs de la loi scolaire : vous pouvez abolir les écoles Catholiques, nous n'en serons que trop contents, mais ne touchez pas à nos écoles protestantes, nous voulons qu'elles restent ce que nous les avons faites. Fort bien, dirent les politiciens, donnez-nous un vote compact, soutenez-nous dans toutes nos mesures et à cette condition, non-seulement nous abolirons les écoles catholiques mais même nous forcerons ceux qui les soutiennent à payer pour les vôtres ; " et il fut fait ainsi !

Les écoles catholiques sont répudiées par une loi qui protège et enrichit les écoles conformes aux idées des protestants. La paix a cessé depuis dans le pays ; la dissension est parmi les citoyens ; cette semence si dangereuse prend racine dans le Nord-Ouest et une pénible agitation menace la Confédération.

Les partis politiques redoutent ou désirent le résultat qui peut suivre toute cette excitation ; les tribunaux sont à la recherche des interprétations les plus subtiles ; les auteurs les plus savants sont consultés, pour s'assurer si le Parlement du Canada savait ou ne savait pas ce qu'il disait, ou ce qu'il voulait dire quand il a préparé et voté la Constitution de Manitoba. Au cours de ce tournoi politico-légal, les opinions les plus contradictoires sont exprimées par des hommes également instruits ; les uns prétendent qu'il n'y a pas lieu de désavouer une loi inconstitutionnelle parce qu'elle est nulle ; d'autres au contraire affirment qu'on ne devait pas désavouer l'Ordonnance du Nord-Ouest, sous le prétexte qu'on n'a pas prouvé qu'elle fût inconstitutionnelle. On dit oui, et on dit non, et ce désaccord empêche la protection requise et demandée.

Il est évident au reste que la phraséologie défectueuse d'une loi n'est pas la source véritable de nos difficultés, et voici la preuve de mon assertion.

L'Acte de Manitoba passé par la Législature Fédérale en 1870 et

ratifié par le Parlement Impérial en 1871 se lit comme suit à la
clause 23 :

" L'usage de la langue française ou de la langue anglaise sera facultatif dans
" les débats des chambres de la Législature, mais dans la rédaction des archives,
" procès-verbaux et journaux respectifs. de ces Chambres, l'usage de ces deux
" langues sera obligatoire ; et dans toute plaidoierie ou pièce de procédure par-
" devant les tribunaux .....il pourra être également fait usage, à faculté, de l'une ou
" de l'autre de ces langues. Les actes de la législature seront imprimés et publiés
" dans ces deux langues."

La rédaction de cette loi est certainement parfaitement claire, le sens
en est évident et tout à fait intelligible ; il ne peut pas y avoir deux
opinions sur sa signification véritable ; Eh bien ! qu'est-il arrivé ? Le
Gouvernement Local de Manitoba, malgré un statut fédéral si clairement
exprimé, et au mépris de la sanction donnée à ce statut fédéral, par le
Gouvernement Impérial ; oui, le Gouvernement de Manitoba a proposé
et la majorité qui l'appuie a voté ce qui suit :

" Nonobstant tout statut et loi contraires, la langue anglaise sera seule en
" usage dans la rédaction des archives et des journaux pour l'assemblée législative,
" pour la Province de Manitoba, et dans toute plaidoierie ou pièce de procédure,
" émanant de toute Cour de la Province de Manitoba ; les actes de la Législature de
" Manitoba ne devront être imprimés et publiés que dans la langue anglaise."

Le Lieutenant Gouverneur sanctionna ce projet de loi, quelqu'inconstitutionnel et injuste qu'il fût, et il est entré au livre de nos statuts sous
la désignation 53 Victoria Chapitre 14.

La chose fut référée à Ottawa ; on s'y plaignit d'un acte si injurieux à
la dignité du Parlement Britannique, et subversif de la Législation
Fédérale et si préjudiciable aux intérêts de la population Canadienne
Française. Je le demande, qui a élevé la voix dans le Parlement Fédéral, qui a agi de façon à ce qu'un acte aussi inconstitutionnel soit rayé des
statuts de la Province de Manitoba ? Que les membres du Sénat et des
Communes qui vont bientôt se réunir à Ottawa, me permettent de leur
dire avec respect, mais en toute franchise, que nous avions droit de
compter sur leur protection et que nous la leur demandons instamment.

Par contre et depuis, la cause de nos écoles est portée de tribunal en
tribunal, pour avoir une opinion sur les subtilités de langage, qui
peuvent être renfermées dans la clause 22 du même Acte de Manitoba.
La clarté du langage de la clause 23 ne nous a été d'aucun avantage et
on s'efforce de prouver que la clause 22 est inintelligible et cela, pour
éviter de nous rendre la justice de reconnaître des droits assez clairement
indiqués, si l'on donnait à cette clause sa signification naturelle.

J'aime mon pays, je voudrais voir ses institutions politiques le sujet
de l'admiration ; je serais heureux de sentir que la liberté, qu'elles sont
censées accorder, est en réalité l'apanage de tous, mais hélas ! les événe-
ment des dernières années ne montrent pas le Canada ni les Canadiens,
sous le jour le plus avantageux.

Les préceptes divins ont préparé ma volonté à la soumission aux lois du pays de mon allégeance, mais mon cœur ne peut pas ne pas saigner quand ces lois sont injustes et sacrifient les intérêts d'un si grand nombre des loyaux sujets de Sa Majesté. Les Catholiques sincères obéissent aux lois, même à celles qui leur sont le plus préjudiciables et qui leur sont imposées précisément parce qu'ils ont des convictions catholiques. Quelles cruautés il y a dans l'oppression, infligée précisément parce que les victimes ont l'esprit de soumission !

Que Dieu pardonne aux auteurs de ces lois et à ceux qui les protègent, qu'il les éclaire, afin que tous puissent comprendre que les mauvais traitements infligés à la minorité finiront tôt ou tard par être préjudiciables à la Province de Manitoba, aux Territoires adjacents et même à toute la Puissance du Canada.

† ALEX. TACHÉ, Arch. de St-Boniface, O. M. I.

St-Boniface.
7 Mars 1894.

APPENDICE A.

A Sa Grandeur Monseigneur A. TACHÉ,

Archevêque de St-Boniface.

Monseigneur,

Je viens de lire et d'étudier avec toute la diligence et l'attention possibles le Rapport du Conseil Privé du Canada approuvé par Son Excellence le gouverneur-général, le 5 février 1894.

Une pétition faite au nom de Monseigneur Grandin, évêque de St-Albert, 17 autres par les commissaires d'Ecoles Catholiques des territoires du Nord-Ouest, et une autre faite par Votre Grandeur Elle-même avaient été adressées à Son Excellence le gouverneur-général en conseil. Toutes ces pétitions exprimaient les graves sujets de plaintes des catholiques relativement à la dernière ordonnance des écoles dans les territoires du Nord-Ouest; au fond parfaitement identiques, excepté celle de Votre Grandeur, elles demandaient, ou le désaveu de l'ordonnance No. 22 A. D. 1892, ou un ordre formel à l'assemblée législative et au conseil de l'instruction publique de rappeler ou d'amender la dite ordonnance et les règlements du conseil de l'instruction publique de manière à enlever tous les graves sujets de plaintes formulés par les catholiques dans leurs pétitions à Son Excellence le gouverneur-général en conseil.

L'une et l'autre alternative nous est refusée. On se contente de nous recommander au bon vouloir du lieutenant-gouverneur des territoires du Nord-Ouest pour qu'il s'intéresse en notre faveur auprès de notre législature des territoires et des membres de l'exécutif, qui forment aussi le conseil de l'instruction publique.

Or, Monseigneur, ma conviction est que nous avons été bel et bien sacrifiés par le gouverneur en conseil. On rejette nos plus légitimes sujets de plaintes, on en méconnaît l'importance et la portée. C'est ce que je vais m'efforcer de démontrer. On lit dans le rapport du comité du conseil privé :

1.—" En comparant les devoirs prescrits aux inspecteurs des écoles sous l'or-"donnance de 1888 et celle de 1892, telle qu'amendée, on verra qu'ils sont pratique-"ment les mêmes."

Le rapport du comité du conseil privé, élude délibérément la question et donne une conclusion en majeure partie en dehors du sujet des pétitions. Nous nous plaignons de ce que l'ordonnance de 1892 nous enlève, à nous, catholiques, le droit de nommer nos inspecteurs pour nos écoles catholiques, droit qui nous était donné par l'ordonnance de 1888. Cette ordonnance conférait à la section catholique du bureau d'éducation le pouvoir de nommer ses inspecteurs. C'est ce droit que nous revendiquions dans nos pétitions. Des inspecteurs protestants, à raison de leur éducation religieuse, de leurs préjugés, de leur opposition au système d'écoles catholiques, ne peuvent généralement nous inspirer toute confiance. Nous protestons dans nos pétitions contre cette violation du droit que nous avons de gouverner nos écoles et de nommer nos inspecteurs, comme nous reconnaissons le même droit aux écoles protestantes. Je regrette d'être obligé de constater que la décision du conseil privé, dans le cas dont il s'agit, n'a nullement pour objet la vraie plainte des pétitionnaires ..... Qu'on ne dise pas non plus: "Sur quatre inspecteurs vous en avez un qui est catholique." Si nous l'avons aujourd'hui, nous pouvons ne plus l'avoir demain. En tous cas, il ne peut inspecter que les écoles d'un seul district ; toutes les écoles des autres districts étant soustraites à sa juridiction. Encore une fois, le droit de nommer nos inspecteurs nous est enlevé, et nous sommes à la merci du conseil de l'instruction publique, tout protestant, où pas un seul catholique n'a le droit de vote ; et nos écoles sont presque toutes inspectées par des inspecteurs protestants qui peuvent être absolument hostiles à nos institutions d'éducation, à nos couvents surtout...... Tel est le véritable objet de nos plaintes, tel est le droit que nous revendiquons, et c'est ce qu'on n'a pas voulu voir à Ottawa. " Vous n'avez pas lieu de "vous plaindre, nous dit-on ; les devoirs des inspecteurs sont pratique-"ment les mêmes aujourd'hui qu'ils étaient avant l'ordonnance dont "vous demandez le désaveu En attendant, acceptez les inspecteurs qui vous seront imposés, fussent-ils vos ennemis déclarés et membres de sociétés secrètes qui ont juré guerre à outrance à vos institutions."

2.—Le Rapport dit :

"Le comité est informé par le rapport de M. Haultain qu'au mois de janvier
" 1888, à une assemblée du bureau d'éducation, il avait été résolu : "Que dans l'o-
"pinion de ce bureau il est nécessaire d'établir un règlement pour pourvoir à l'ins-
" truction et à la formation d'instituteurs pour nos écoles publiques, dans la science
"et l'art d'enseigner ; que le bureau comprend que la nomination d'un principal
"d'école normale, dont le devoir serait de tenir des sessions d'école normale dans
"différentes parties du pays, aurait les meilleurs résultats pour augmenter la capa-
"cité des instituteurs et stimuler l'éducation."

" Il est donc résolu que Son Honneur le lieutenant-gouverneur soit prié d'in-
"sister auprès du gouvernement de la Puissance sur l'à propos d'accorder la somme
"de $5,000 (cinq mille dollars) pour l'année fiscale prochaine, pour des fins d'écoles
" normales."

" Il n'y a rien dans cette résolution, qui indique qu'il devait y avoir une école
"normale pour les instituteurs protestants et une autre pour les instituteurs catho-
"liques romains, mais bien une école normale pour tous."

Voyons un peu :

Dès le mois de janvier 1888, le Bureau d'Education composé alors de
huit membres, dont cinq protestants et trois catholiques, discuta l'op-
portunité d'avoir dans un avenir prochain, des écoles normales, c'est-à-
dire aussitôt que les circonstances le permettraient et que de tels établissements seraient pratiquement possibles tant pour les protestants que
pour les catholiques. J'étais alors membre du Bureau avec l'honorable
juge Rouleau et M. A. Forget. L'honorable juge Rouleau était absent ce
jour-là ; mais M. A. Forget et moi, nous prîmes part à la discussion et
tous les membres du Bureau, protestants comme catholiques, furent
d'avis que des institutions normales ne pourraient que stimuler et
avancer la cause de l'éducation. On parla d'engager un principal, M.
Forget fit immédiatement remarquer qu'il en faudrait deux ; l'un pour
les protestants, l'autre pour les catholiques. Comme la chose ne devait
pas se faire tout de suite, il fut résolu de passer uniquement la résolution citée par le Conseil Privé demandant un secours de $5,000, (cinq
mille piastres) pour fins d'écoles normales sans les spécifier. Le Bureau
de l'éducation se réservait de régler l'emploi de ces $5,000, si cette somme
nous était accordée pour les fins qu'il avait en vue, et la section catholique savait qu'elle avait droit, elle aussi, à une partie de cette somme,
si elle était accordée. Tout le monde comprit ou put du moins comprendre par les observations de M. Forget et les miennes, que lorsque le
temps de l'exécution viendrait, nous revendiquerions notre droit à une
ou plusieurs écoles normales catholiques. Et de fait chaque fois que cette
question est venue devant le Bureau de l'Education, depuis janvier 1888,
jusqu'à notre dernière session en été 1892, j'ai toujours, soutenu par mes
collègues, l'honorable juge Rouleau et M. A. Forget, revendiqué des
écoles normales catholiques, si jamais le Bureau passait une résolution
rendant obligatoire l'assistance à ces écoles. J'ai fait plus, j'ai toujours
représenté que les établissements de nos sœurs consacrées à l'éducation
pendant toute leur vie, n'étaient pas autre chose qu'une longue école
normale durant pour elles jusqu'à la mort.

Sur le rapport de M. Haultain, chef de l'Exécutif à Régina, partie intéressée avant tout au maintien de son Ordonnance de 1892, le rapport du Comité du Conseil Privé dit que la résolution passée à l'unanimité du Bureau de l'Education en janvier 1888 conclut à l'établissement d'une seule école normale pour les protestants et les catholiques sans distinction. Cette assertion est contraire, comme je l'ai prouvé plus haut, aux vues exprimées dans le Bureau, lors de l'adoption de la résolution qui portait sur la demande que nous fîmes d'une somme de $5,000 que le gouvernement fédéral refusa sous le faux prétexte qu'au moins deux membres de la section catholique du Bureau de l'Education, ont, dès janvier 1888, donné leur adhésion pure et simple à l'établissement futur d'une seule école normale. On nous invite à nous tenir tranquilles, à accepter l'ordonnance nouvelle, à nous contenter d'écoles normales protestantes, voire même pour les sœurs qui quitteront leur couvent pour aller se mêler aux instituteurs ou aspirants instituteurs de l'un ou de l'autre sexe, de toute dénomination et de tout âge, sur les bancs de l'école de Régina ou d'ailleurs, et recevoir de la bouche d'un grand Maître de la Franc-Maçonnerie, l'enseignement pédagogique, dégagé de toute teinte de catholicisme, mais pouvant être saturé de matérialisme et de toutes les erreurs que l'Eglise catholique repousse et condamne.

3.—Les pétitionnaires se plaignent de plus " de ce que le conseil de " l'instruction publique a promulgué certains règlements dont l'un des " effets est que, sauf certains cas exceptionnels, personne ne peut être " instituteur certifié professionnel, qualifié pour conduire une école " publique ou séparée à moins d'avoir fréquenté une école normale."

Pour connaître la nature de cette objection, il est bon d'examiner les cas qui y sont indiqués comme exceptionnels. Les règlements du Conseil de l'Instruction Publique réglant l'octroi des certificats des instituteurs, 1894, sous le titre : " Personnes éligibles sans examens " se lisent comme suit :

(5) " Les personnes qui ont des brevets de valeur éducationnelle émis par des " institutions autres que. celles mentionnées dans les clauses 1, 2, 3, 4 peuvent re- " cevoir du conseil de l'instruction publique tels certificats auxquels il croira " qu'elles ont droit."

Le rapport ajoute :

" La clause 5 semblerait avoir été rédigée spécialement afin de rencontrer " les vues des personnes mentionnées par les pétitionnaires et qui ne seraient pas " capables de se conformer aux règlements qui exigent l'assistance dans les écoles " normales."

Puisque les membres du Comité du Conseil Privé ont cru que la clause 5 ci-dessus mentionnée a pour but d'apporter remède à la plainte des pétitionnaires, je regrette d'avoir à leur causer une déception. Il est possible que cette clause soit volontiers appliquée, par le conseil de l'instruction publique, en faveur des candidats protestants, mais bien sûr, elle ne l'est pas pour les catholiques. En voici la preuve :

En 1891, une de nos sœurs enseignantes, supérieure d'un de nos couvents dans l'Alberta était munie d'un certificat non-professionnel degré A. Ce certificat devait devenir professionnel après deux ans d'enseignement dans le pays et par l'endossement de l'inspecteur. Issu le 1er Sept. 1891, le dit certificat fut régulièrement endossé par l'inspecteur de 1892. L'année suivante, après que l'ordonnance No 22 de 1892 eût été passée, on prétendit que les inspecteurs n'avaient plus le droit d'endosser les certificats non-professionnels et au mois d'Août 1893, M. J. Brown secrétaire du conseil de l'instruction publique donnait officiellement avis à la Révérende Sœur dont je parle, que son certificat non-professionnel expirait le 1er Septembre suivant ; mais par faveur (!) on prolongeait le terme de l'expiration du dit certificat jusqu'au 1er octobre, époque de l'ouverture de la session de l'école normale à Régina, où elle aurait à se rendre ; cette assistance à l'école normale étant pour elle le seul moyen d'obtenir un certificat professionnel...... Je partis alors moi-même pour Régina où j'eus une longue conférence avec Mr Goggin, surintendant de l'éducation. Le Rev. M. Caron et M. A. Forget m'accompagnaient. J'exposai d'abord l'impossibilité pour les sœurs de quitter leur couvent et de venir prendre part à ces sessions d'écoles normales ; je déclarai que c'était vouloir les forcer à aller directement contre les règles et constitutions qui régissent leurs communautés. Faire pour elles un pareil règlement équivalait à vouloir positivement les exclure de l'enseignement dans les territoires. M. Goggin me découvrit le fond de sa pensée en me demandant pourquoi nous n'engagions pas des institutrices laïques au lieu de religieuses qui, par état, ne peuvent se conformer aux règlements du conseil de l'instruction publique. J'en appelai alors à cette clause 5 à laquelle nous réfère le rapport du comité comme à une source infaillible de remèdes à nos maux. Je prouvai que la vie de nos sœurs, se consacrant à l'enseignement, est une vie d'école normale perpétuelle. La sœur en question avait enseigné en Angleterre et ailleurs avec le plus grand succès, depuis bientôt trente ans. Rien n'y fit...... Les institutions dont parle la clause 5, me fit-on bien comprendre, ne sont point des institutions religieuses, des ordres, des couvents, lors même que leurs membres se consacrent toute leur vie à l'enseignement, mais bien des institutions approuvées et reconnues, soit par l'état, soit par des conseils de l'instruction publique.

La religieuse en question se vit refuser son certificat *au nom même de la clause 5.* On consentit à le lui donner seulement lorsqu'il fut prouvé qu'elle y avait un droit strict, en vertu de la loi et des règlements existant avant l'ordonnance dont nous nous plaignons.

4. Cette clause 5, je l'ai moi-même invoquée pour obtenir un certificat provisoire, c'est-à-dire permission pour une sœur nouvellement arrivée d'Europe, d'enseigner jusqu'à l'époque des prochains examens des instituteurs, et on m'a refusé. M. Goggin me dit ne pouvoir recommander un certificat, même provisoire, sur le seul fait que la personne deman-

dant ce certificat provisoire appartenait, depuis longtemps, à un ordre religieux enseignant. Il me fallut faire serment moi-même qu'au meilleur de ma connaissance, elle était capable d'enseigner et qu'elle avait enseigné avec succès, pendant plusieurs années.

Que le comité du conseil privé soit donc bien convaincu de l'inefficacité du remède qu'il nous indique. C'est un habile tour de force qui peut tromper, mais qui ne tient pas devant les explications et les preuves ci-dessus.

5. " Les pétitionnaires n'ont indiqué aucun des livres, maintenant prescrits
" pour l'examen des instituteurs, qui provoquent des objections de la part des catho-
" liques romains, et comme, avec l'exception sus-mentionnée, les livres maintenant
" prescrits sont pratiquement les mêmes que ceux en usage et prescrits par les règle-
" ments antérieurs à l'adoption de l'ordonnance de 1892, et comme de tels règlements
" étaient acceptés par les deux sections du bureau, le comité ne peut pas voir que la
" plainte des pétitionnaires, sur ce point, soit bien fondée. Il est à remarquer que
" les pétitionnaires ne se plaignent pas de l'abolition d'aucun livre, mais seulement
" de l'imposition d'un cours uniforme d'instruction et d'un choix uniforme de livres,
" un état de choses, qui en autant qu'on considère les examens des instituteurs, pa-
" raît avoir existé sous l'ancien régime, et qui semble ne pas avoir provoqué d'ob-
" jections de la part des catholiques romains, mais qui, au contraire, avait été ap-
" prouvé par leurs représentants au bureau de l'éducation. "

Sous l'ordonnance de 1888, en septembre 1891, l'ancien bureau de l'éducation, les deux sections réunies, adoptèrent un choix *presque uniforme* de livres réglementaires pour les candidats aux examens. Je dis un choix *presque uniforme*, parce que les livres de lecture et les sujets de littérature furent exceptés ; les deux sections ne s'accordant pas sur ces deux points. J'avais moi-même provoqué, dans ma lettre au secrétaire du bureau, cette entente entre les sections ; mais, qu'on le remarque bien, sans nous lier les mains aux uns et aux autres. Les sections conservaient toujours le droit strict de revenir sur le choix des livres, quand elles le jugeraient utile pour leurs écoles respectives. Ce droit, nous ne l'aliénions pas et ne l'avons jamais aliéné.

L'ordonnance de 1892 nous l'enlève et c'est une injustice criante dont nous nous plaignons. Sous l'ancien régime, nous pouvions user de ce droit, comme il nous semblait bon et utile à nous, catholiques ; nous accorder avec la section protestante pour le choix des livres, ou ne pas le faire selon que nous le jugions convenable. Aujourd'hui, nous subissons la loi inique du plus fort. Le conseil de l'instruction publique a le droit de prescrire aux candidats aux examens les livres qu'il veut choisir.

Je ne m'arrêterai pas à examiner le mérite ou le démérite de tel ou tel ouvrage ou de tel ou tel auteur, par la raison toute simple qu'ils peuvent être changés quand le conseil de l'instruction publique le voudra et remplacés par les auteurs les plus hostiles à nos convictions, sans que nous ayons rien à y voir ; et le comité du conseil privé vient nous dire que notre plainte n'est pas bien fondée.

Dans nos écoles, on nous laisse aujourd'hui comme livres de lecture

nos livres catholiques pour les petits enfants seulement, mais on a droit
de nous les ôter demain, comme on l'a déjà fait pour tous les enfants au-
dessus du 2me livre. Puis on nous dit : Rien n'est changé ; vous n'avez
plus le choix de vos livres, vous subirez les nôtres. De quoi vous
plaignez-vous ?

6. Les pétitionnaires affirment de plus :

" Que l'effet de la dite ordonnance, au moyen des dits règlements qui en sont
" la suite, est de priver les écoles catholiques de ce caractère qui les distingue des
" écoles publiques ou protestantes et de les laisser catholiques seulement de nom, et
" tel, affirme-t-on, est son effet évidemment nécessaire.

" Le comité fait remarquer que la section 32 de l'ordonnance N. 22
de 1892 pourvoit à ce que :

" La minorité...peut établir des écoles séparées.
" Sec : 36. Après l'établissement d'un district d'école séparée d'après les pro-
" visions de cette ordonnance, tel district d'école séparée possédera et exercera tous
" les droits, pouvoirs, priviléges et sera sujet aux mêmes responsabilités et méthodes
" de gouvernement, tels que pourvus ici au sujet d'une école publique."

De ce que la minorité peut encore, de par l'Ordonnance No 22
de 1892, établir des écoles séparées catholiques ou protestantes selon le
cas, s'ensuit-il que l'effet de la dite ordonnance et des règlements passés
par le conseil de l'instruction publique ne soit pas de priver les écoles
catholiques de tout ce qui peut les différencier des écoles publiques protestantes, et d'en faire des écoles catholiques de nom seulement ?
Voyons un peu.

Les catholiques représentés autrefois par les membres de la section
catholique du bureau de l'éducation, étaient convaincus que leurs
intérêts étaient respectés ; car il appartenait, de par la loi, à la dite
section :

" (1) D'avoir sous son contrôle et son administration, toutes ses écoles et de
" faire de temps à autre tout règlement qu'elle jugerait à propos pour leur gou-
" vernement général et leur discipline.
" (2) De prescrire et de choisir des séries uniformes de livres réglementaires.
" (3) De nommer ses inspecteurs.
" (4) De canceller les certificats des instituteurs pour cause suffisante.
" (5) L'instruction religieuse (limitée dans les écoles publiques) ne l'était pas
dans les écoles séparées.
" (6) De choisir les livres réglementaires en matière d'histoire et de science,
" puis tels autres sujets qu'elle jugerait convenable, V. G. l'instruction religieuse,
" pour les candidats aux examens, et d'avoir exclusive juridiction dans ces ma-
" tières.
" (7) De nommer ses examinateurs."

Aujourd'hui plus de section catholique ; pas un catholique n'a droit
de vote au conseil de l'instruction publique.

Plus de contrôle ni d'administration de nos écoles.

Nous ne pouvons plus choisir nos livres ; on nous impose ceux qu'on veut ou qu'on voudra.

Nos écoles, au moins 72 sur 100, sont inspectées par des inspecteurs protestants. Nous n'avons plus ni la nomination, ni la direction de ces inspecteurs.

Nous n'avons aucun pouvoir sur les certificats de nos instituteurs. Ils doivent passer même à l'unique école normale, qui sera ce que le conseil de l'instruction publique voudra la faire et qui pourra être hostile à toute idée catholique.

On nous enlève le choix de nos livres d'histoire et de science pour les candidats aux examens. Nous n'avons plus juridiction pour la correction des examens en ces deux matières, juridiction qui nous était réservée sous l'ordonnance de 1888.

On nous enlève le droit de nommer nos examinateurs.

On nous enlève l'instruction religieuse, même le droit d'ouvrir la classe par la prière dans nos écoles......Que nous reste-t-il donc? des écoles catholiques de nom seulement, pas autre chose.

Ecoles séparées ou catholiques, soit ; mais à condition qu'on les rende semblables sous tous les rapports aux écoles publiques, protestantes, en exigeant spécialement que les professeurs des écoles catholiques aient la même formation que les professeurs des écoles publiques, soient soumis aux mêmes inspecteurs, emploient les mêmes livres et méthodes. renoncent à toute instruction religieuse, etc., etc.

A Regina, au conseil de l'instruction publique, deux opinions ont cours. Le chef voudrait bien prendre "le taureau par les cornes" et se débarrasser tout de suite de toutes ces écoles séparées ou catholiques. Le sous-chef, grand maitre de la franc-maçonnerie, veut, lui aussi, détruire tout ce qu'il y a de catholique dans nos écoles, mais il conseille d'y aller plus doucement. Selon lui, il faut arriver au même but, n'avoir que des écoles purement non catholiques, mais y aller avec la ruse et l'astuce voulues. Faire un pas aujourd'hui, et laisser les catholiques s'accoutumer ; puis en faire un autre, un troisième et ainsi de suite jusqu'à l'abolition complète des écoles catholiques.

Voilà où nous en sommes...... N'avions nous pas mille fois raison de demander le désaveu d'une ordonnance ouvrant la porte à une guerre si déloyale pour nos écoles ?

7. " D'après les faits cités plus haut, il paraîtrait que le désaveu de l'ordonnance " en question ne répondrait pas aux plaintes alléguées dans les pétitions si ce n'est " de remettre le bureau d'éducation, qui avait le contrôle des écoles des territoires " avant la passation de l'ordonnance de 1892, parce que, sous les autres rapports, " la loi et les règlements concernant l'éducation dans les territoires ne différaient " pas matériellement, avant la passation de l'ordonnance de 1892, de ce qu'ils sont " maintenant, en ce qui concerne les points mentionnés dans la pétition. Le désa- " veu n'annulerait aucun des règlements dont on se plaint."

J'en demande humblement pardon à l'honorable comité, mais je ne puis m'empêcher de voir un sophisme des mieux accentués dans le texte

4

ci-dessus. Comment? le désaveu de l'ordonnance ne remédierait point à nos plaintes et à nos justes griefs?... Si cette ordonnance eût été désavouée, tous les droits dont je parlais tout à l'heure nous étaient rendus : contrôle et administration de nos écoles ; choix de nos livres et amendements dans ce choix quand bon nous semblerait ; droit de nommer nos inspecteurs et nos examinateurs ; instruction religieuse dans les écoles séparées ; écoles normales facultatives et non obligatoires, et devant être catholiques pour nos candidats si elles devenaient obligatoires. Et le désaveu n'aurait remédié à rien, sinon en rétablissant l'ancien bureau d'éducation? Le désaveu, ose-t-on dire, n'aurait annulé aucun des règlement dont on se plaint. Si la loi avait été désavouée, les membres de la section catholique n'auraient ils pas autorité pour amender les règlements ? La plupart de ces règlements ne tombaient-ils pas d'eux-mêmes en nous ramenant à l'ordonnance de 1888? Que d'insinuations et d'affirmations spécieuses dans le passage ci-dessus du rapport du comité !

Pour ne pas désavouer l'ordonnance, on donne faussement pour raison que le désaveu serait inutile. On se moque ainsi des pétitionnaires, on sacrifie la minorité au désir de plaire à la majorité qu'on craint et qu'on redoute davantage. Cette ordonnance No. 22 de 1892 "vrai ballon d'essai, dont le succès (dit le journal *Le Manitoba*) devait déterminer le " sort que l'on pourrait faire à la minorité, aurait pu crever à Ottawa, si " le gouvernement fédéral l'eût voulu; mais il a refusé sa protection aux " faibles. Serait-il donc décidé à Ottawa que l'on tolèrera la violation " des droits naturels et acquis de ceux qui ne sont pas assez nombreux " ni assez audacieux pour constituer un élément dangereux ? "

8.—Le comité du conseil Privé regrette "que le changement, fait " dans l'ordonnance concernant l'éducation, ait causé, même involontai- " rement le mécontentement et l'alarme des pétitionnaires, et il conseille " que l'on communique avec le lieutenant gouverneur des territoires du " Nord-Ouest, le priant fortement de s'enquérir avec soin des plaintes " des pétitionnaires, et que le tout soit ré-examiné par le comité exécu- " tif de l'assemblée du Nord-Ouest, afin qu'on remette les choses en leur " état, en amendant les ordonnances ou règlements en autant qu'on le " trouvera nécessaire pour rencontrer tous griefs ou appréhensions bien " fondées qu'on reconnaîtrait exister.

Enfin voici l'immense consolation qu'on apporte aux catholiques du Nord-Ouest. Le comité du conseil privé a pour nous la plus grande sympathie. Il regrette extrêmement que l'ordonnance de 1892 ait été pour nous la cause involontaire (!) de mécontentement et d'alarmes. L'ordonnance est maintenue; on pourra avec elle et sous le couvert de la légalité, augmenter, multiplier les difficultés et les obstacles pour empêcher les écoles catholiques de fonctionner ; on pourra nous imposer de nouveaux règlements plus tyranniques, plus impossibles encore; le bon vouloir du passé, de la part des membres du conseil de l'instruction publique et de la législature, est une preuve au moins probable, du bon vouloir futur.

Le comité du conseil privé nous recommande à la merci, à la générosité des ennemis bien avoués de nos institutions religieuses, de nos
écoles, de nos couvents ; ils ont fait leurs preuves. Et maintenant ils
sont priés d'amender soit l'ordonnance, soit les règlements du conseil de
l'instruction publique, afin de remédier à nos griefs et à nos appréhensions, s'il est prouvé qu'il en existe.

Est-ce là, en vérité, ce que nous étions en droit d'attendre ? Est-ce
une décision pareille qui pouvait satisfaire la requête des pétitionnaires ?
Est-elle conforme à la justice ? Est-elle un spécimen du tant vanté
" British Fair Play ? "

Nous sommes sacrifiés au souffle si regrettable du fanatisme qui
passe aussi sur nos territoires ; nos droits sont méconnus, nos écoles catholiques, existantes de par la loi, n'existent plus que de nom. Il aurait
pu en être autrement, le gouvernement d'Ottawa ne l'a pas voulu.

Agréez, Monseigneur, l'hommage de mon profond respect, de ma
sympathie bien vive et bien sincère et de tout mon dévouement.

H. Leduc, Ptre. Vic. Gen.
O. M. I.

APPENDICE B.

Régina Assa, 24 février 1894.

A Sa Grandeur
Monseigneur A. A. Taché.

Monseigneur,

En réponse à votre lettre me demandant s'il est vrai, comme on
l'affirme, que j'aurais, en ma qalité de représentant des catholiques au
conseil de l'instruction publique, donné mon consentement au choix
des Ontario Readers, comme livres de lecture pour nos écoles catholiques dans les territoires du Nord-Ouest, je suis heureux de vous assurer
Monseigneur, qu'il n'en est rien.

Voici d'ailleurs ce qui s'est passé à l'unique réunion générale du conseil de l'instruction publique, tenue jusqu'à ce jour, depuis sa formation
en vertu de l'ordonnance de 1892.

Le conseil, comme vous le savez, est composé des membres du conseil
exécutif des territoires, tous protestants, et de quatre membres nommés
par le lieutenant-gouverneur en conseil ; deux protestants et deux
catholiques ayant le droit d'offrir leur avis, mais sans avoir celui
de l'appuyer de leur vote. M. Forget, de Régina et moi représentons les
catholiques. Notre nomination est en date du 8 juin dernier, et dès le

lendemain nous fûmes convoqués pour cette première séance. En l'absence de M. Forget, qui, à cette époque, était à Paris pour cause de santé,
je me suis donc trouvé seul pour représenter les intérêts de nos écoles
dans un conseil composé de six membres protestants, assistés de M. James
Brown, alors Surintendant de l'éducation, et de M. le Professeur Goggin,
tous deux aussi protestants. Ce dernier, admis à cette réunion, à la demande spéciale du président de l'exécutif, en fut en réalité l'esprit
dirigeant. Il n'y eut aucune motion proposée et secondée, aucune résolution adoptée. On se contenta de discuter sans rien décider et aucune
minute que je sache, n'a été faite de nos délibération . C'est du moins
l'information qu'en donna M. James Brown, à la demande qui lui en fut
faite, en ma présence par M. Forget, à son retour d'Europe.

Au cours de cette discussion tout *informal*, selon l'expression de mes
collègues anglais, M. Goggin ayant exprimé l'idée qu'il serait désirable
de rendre uniforme l'usage des livres dans les écoles, j'exprimai, d'une
manière générale, l'opinion qu' " en effet, vu notre système d'inspection,
ce serait très avantageux si tous les élèves pouvaient se servir des mêmes
livres."

Ces livres devaient-ils être les livres catholiques ou les livres protestants ? Cette question n'était pas sur le tapis, de sorte que je n'ai pas cru
devoir alors compléter ma pensée, en disant que si les membres du conseil jugeaient que l'uniformité des livres fût nécessaire pour le bon fonctionnement et pour l'inspection efficace des écoles, ils pouvaient adopter
la série de nos livres catholiques.

Plus tard, au cours de ses remarques, M. Goggin me sembla vouloir
insinuer que l'on pourrait mettre de côté les livres de lecture catholiques
pour les remplacer par les Ontario Readers, et alors je leur dis que "plus
" les enfants qui fréquentent les écoles sont jeunes, plus nous tenons
" fortement à ce qu'ils n'aient entre leurs mains que des livres parfaite-
" ment catholiques." Et, vu la composition particulière du conseil de
l'instruction publique, et sachant que d'après l'ordonnance de 1892, ce
conseil a le pouvoir absolu de nous imposer des livres de son choix, je
crus devoir ajouter que "si nous étions obligés – *If we were obliged*—d'aban-
" donner les livres de lecture catholiques, nous aurions des objections
" moins fortes à abandonner les livres à l'usage des élèves du 4ᵉ degré
" qu'à abandonner les livres à l'usage des élèves plus jeunes."

Voilà, Monseigneur, textuellement, les seules remarques faites par
moi, au sujet du choix des livres, à cette réunion du conseil de l'instruc-
publique—et je vous laisse à juger si elles sont de nature à être inter-
prétées comme étant un acquiescement au remplacement de nos livres
catholiques par des livres protestants.

Cette séance du conseil eut lieu au mois de juin, et ce n'est qu'au
mois de septembre que j'appris, par des demandes qui m'étaient adressées
de Prince Albert, que l'on avait fait disparaître les livres catholiques de
la liste des livres approuvés à l'usage des élèves du 3ᵉ et 4ᵉ degrés, et que
l'on avait remplacé ces livres catholiques par les Ontario Readers. Quel-

ques jours plus tard, j'apprenais que, dans certain quartier, l'on répétait que j'avais approuvé ce changement,

Au cours du même mois, M. A. E. Forget mon collègue au conseil de l'instruction publique, M. A. Prince, député de St.-Albert, C. E Boucher, député de Batoche, et moi nous eûmes une entrevue officielle avec les membres du comité exécutif; je profitai de la circonstance pour expliquer de nouveau la pensée que j'avais exprimée devant les membres du conseil de l'instruction publique au sujet des livres en usage dans les écoles catholiques, refusant par là même d'accepter aucune responsabilité dans cette partie des règlements nouveaux, et demandant, avec les autres membres de la députation que l'on rétablît les catholiques dans leur droit de se servir de leurs livre catholiques dans leurs écoles.

Si les membres du comité exécutif ont pu ne pas saisir le sens de mes paroles lors de la réunion du conseil de l'instruction publique, ils ils n'ont pas pu ne pas comprendre ma protestation (car c'était une véritable protestation) au jour de notre entrevue officielle.

Cependant, malgré cette protestation, M. Haultain vient affirmer dans un document public, que j'ai consenti à l'établissement de ces règlements tyranniques.

Que faut-il penser d'une semblable affirmation ?

Veuillez agréez, Monseigneur, l'expression des sentiments de profond respect de

Votre très humble

J. CARON, Ptre.

APPENDICE C.

A Sa Grandeur Monseigneur A. TACHÉ,
Archevêque de St-Boniface.

Monseigneur,

Je réponds à vos demandes au sujet de la langue française abolie par l'ordonnance de 1892 tant pour les examens que pour les écoles. Si toutes nos pétitions ne parlaient point de cette violation, c'est que nous laissions ce sujet à la sollicitude de Votre Grandeur. C'est à vous que nous remettions, en toute confiance, le soin de revendiquer nos droits sous ce rapport. C'est ce que vous avez fait dans une pétition différente des nôtres, mais qu'on semble vouloir ignorer à Ottawa. L'ordonnance de 1892 abolit la langue française : 1° *pour les examens.*

Avant 1892, les candidats aux brevets d'instituteurs pouvaient passer leurs examens en français. Les papiers d'examens étaient traduits pour eux en cette langue et j'ai été moi-même chargé de cette traduction à deux reprises différentes.

Jeudi dernier le 22 courant, j'étais à Regina. Pour ne rien avancer que de parfaitement certain, j'allai voir M. James Brown, secrétaire du conseil de l'instruction publique et je lui adressai officiellement les questions suivantes :

D.—Sous l'Ordonnance de 1888, les candidats aux examens pouvaient-ils passer leurs examens en français ?

R.—Oui.

D.—Les papiers d'examens étaient-ils pour eux traduits en français ?

R.—Vous le savez bien : vous les avez vous-même traduits.

D.—Sous l'ordonnance de 1892, qui nous régit aujourd'hui, les candidats peuvent-ils passer encore leur examens en français ?

R.—Je ne vois pas qu'il puisse en être ainsi.

D.—Si les candidats écrivaient leurs examens en français, ces examens seraient-ils reconnus au conseil de l'instruction publique ?

R.—Non.

D.—Donc il est clair que la langue française est abolie pour les examens ?

2. *Dans les écoles.*

La langue française est également abolie, pratiquement parlant, pour les écoles. D'après les règlements du conseil de l'instruction publique, en conformité de l'ordonnance de 1892 : l'instruction doit se donner en anglais pour enfants au-dessus du 2me livre de lecture. Ainsi, arrivés à ce degré insignifiant d'instruction, les enfants canadiens-français devront recevoir un enseignement tout anglais. Dans les arrondissements scolaires français, on pourra permettre l'usage des deux premiers Ontario bilingual Readers, et encore il faudra le *consentement par écrit* d'un inspecteur, la plupart du temps anglais et francophobe.

Voilà la somme de connaissance de la langue française qu'on permet, qu'on tolère à regret. Disons donc de suite que le français est banni des écoles ; ce sera bien plus vrai et plus simple.

L'année dernière, nos écoles d'Edmonton et de St-Albert ont été inspectées par un fonctionnaire anglais et protestant, M. Hewgill de Moosomin. Les enfants ont été interrogés par lui en anglais, sur des matières et des sujets anglais. Le français a été relégué bien loin et M. l'inspecteur a recommandé de bien veiller à ce que l'enseignement de l'anglais soit donné avec le plus grand soin. Quant au français, il n'en est plus question.

En résumé, l'ordonnance de 1892 enlève donc à la population française du territoire du Nord Ouest le droit que lui reconnaissait l'ordonnance de 1888, de se servir de sa langue, dans les examens et dans les écoles et de faire donner une éducation française aussi bien qu'anglaise à ses enfants.

Plus d'écoles françaises, plus d'écoles catholiques ! Tout au plus, que nos écoles du Nord-Ouest soient catholiques et françaises de nom seulement : mais qu'en réalité, elles soient anglaises et non catholiques : Voilà la vérité, quoi qu'en dise M. Haultain et d'après lui, le rapport du comité du conseil privé. C'est la conclusion qui frappera tous les amis de la justice désireux d'étudier attentivement les faits sans préjugé de race ou de religion. Enfin je termine par un trait qui montrera que nos appréhensions ne sont point vaines et sans fondement. En 1891, au mois de juillet, un de nos candidats catholiques aux examens des instituteurs avait passé avec succès sur toutes les matières requises par le bureau d'éducation Il devait recevoir un certificat du degré A. Malheureusement le dit candidat avait manqué son examen sur l'arithmétique et n'avait obtenu que dix-huit points sur cent ; il lui en fallait au moins 50 pour obtenir son diplôme. Je connaissais parfaitement le candidat et ne pouvais croire à un manquement si radical et si humiliant. Etant membre du bureau d'éducation ; je fis part de mes doutes ; je dis, que le dit sujet pouvait n'avoir certainement pas obtenu le nombre de points requis par nos règlements, mais j'affirmais que je ne pouvais croire à un manquement si grave. En conséquence, j'usai de mon droit et demandai au bureau d'éducation les papiers sur l'arithmétique par le Rev. Mr. Gillis ptre, inspecteur catholique et le Rev. M. McLean, ministre méthodiste, inspecteur pour la section protestante. Le résultat de la révision des papiers fut que le candidat en question se trouva mériter plus de 50 points et par conséquent admis à un diplôme de degré A, diplôme dont il eût été entièrement privé, s'il n'avait eu personne pour réclamer justice en son nom.

Connaissant, comme je les connais, les dispositions hostiles à nos écoles, à nos couvents surtout, dispositions qui prédominent ici chez la majorité des membres de l'assemblée législative et du conseil de l'instruction publique, je ne comprends pas que le rapport du conseil privé puisse nous dire que nos appréhensions et nos alarmes n'ont pas de raison d'être. Je sais qu'il y a de nobles exceptions dans le personnel de notre législature, mais elles sont extrêmement rares.

Le désaveu était le seul et vrai remède à la persécution sourde, inavouée, mais réelle que nous subissons. Ottawa nous l'a refusé. Le mal que nous fait l'ordonnance de 1892 et les injustices qu'elle consacre sont tolérés par le gouvernement fédéral. Quoi qu'il en soit, nous continuerons à combattre sans relâche et sans découragement pour nos droits et pour les écoles que nous avons devoir et mission de protéger et de défendre.

Agréez Monseigneur, etc

H. LEDUC, V. G.

O. M. I.

APPENDICE D.

Regina, 1er mars 1894.

A Sa Grandeur Monseigneur Taché

Archevêque de St. Boniface.

.Monseigneur,

Conformément au désir de Votre Grandeur, le rév. père Leduc m'a remis une copie de la lettre qu'il vous a adressée au sujet de notre question scolaire dans les territoires. Les faits qu'il y relate et auxquels mon nom se trouve associé sont encore tout frais à ma mémoire; et, comme ils sont conformes à mes propres souvenirs, je puis, sans la moindre hésitation, leur donner l'appui de mon témoignage.

Quant aux commentaires qui les accompagnent, surtout en ce qu'il ont trait au mobile qui a pu animer les membres du conseil privé dans leur refus de désavouer l'ordonnance de écoles de 1892, ma position d'employé du gouvernement m'impose une réserve dont vous ne voudriez pas, Monseigneur, j'en suis certain, me voir départir. Mais comme je ne voudrais pas non plus que mon abstention à cet égard pût être faussement interprétée, je tiens à exprimer l'opinion que la pénible position qui nous est faite par la décision du conseil privé ne peut s'expliquer qu'en supposant que la bonne foi des ministres a dû être surprise.

Il semble, en effet, impossible d'imaginer que les membres catholiques du conseil privé, s'il eussent eu devant eux des renseignements exacts et complets sur la question, auraient ainsi froidement laissé sacrifier nos intérêts les plus chers.

Je dirai plus; je veux même croire que M. Haultain et ses collègues sont de bonne foi dans les conclusions qu'ils tirent des résolutions du bureau de l'éducation citées par eux. Ces messieurs n'ayant pas été membres de l'ancien bureau de l'éducation, ne pouvaient en connaître les délibérations que par les minutes qui en ont été faites. Or, il n'y a rien dans ces minutes pour indiquer à ceux qui les lisent aujourd'hui, surtout s'ils ne sont pas de notre foi, que les membres catholiques de ce bureau n'entendaient pas donner à ces résolutions le sens qu'ils leur prêtent.

Pour ces catholiques, il semble cependant que le nom du rév. père Leduc, sinon ceux de ses collègues au bureau de l'éducation aurait dû être une garantie suffisante que nous n'aurions pas donné un concours effectif à ces résolutions à moins de circonstances comportant réserve de nos droits.

2.—Ceci dit, M. Haultain et ses collègues du conseil exécutif des territoires me pardonneront si je n'accueille pas sans un sourire d'incré-

dulité l'assurance donnée par eux et acceptée peut-être trop facilement
par le conseil privé, que la législation et les règlements scolaires dont on
se plaint n'ont été inspirés par aucun sentiment hostile à l'égard de nos
écoles. Eux et les autres membres de l'assemblée législative qui ont voté
l'ordonnance de 1892 savaient pleinement à quoi s'en tenir. Je n'ignore
pas que chacun individuellement s'est défendu de vouloir porter atteinte
aux privilèges et droits de la minorité catholique. Malgré toutes ces
protestations, cette ordonnance, dans les dispositions qui nous concer-
nent, n'avait et ne pouvait avoir qu'un seul but : l'abolition de tout
caractère distinctif de nos écoles.

Grâce à cette ordonnance et aux règlements du conseil de l'instruction publique qui ont suivi, ce but est pratiquement atteint aujourd'hui.
Rien d'essentiel ne distingue plus les écoles catholiques des écoles protestantes, si ce n'est la désignation maintenant ironique d'écoles séparées.

Il ne faudrait pas croire cependant que les auteurs immédiats de
l'ordonnance de 1892 et des règlements qui la complètent, en soient seuls
responsables. Aux yeux de ceux qui les ont poussés, ce serait, en vérité,
trop d'honneur leur faire ; d'autres avant eux y avaient déjà mis la
main et ont droit aussi à leur part de lauriers. L'histoire fidèle et complète du travail lent et sourd de tout ce monde acharné à la destruction
de nos écoles serait assez curieuse à faire, et nombre d'âmes candides
seraient certes plus qu'étonnées si l'on faisait à chacun sa part de responsabilité. Mais à quoi bon ? D'ailleurs cette histoire nous entraînerait trop
loin et m'obligerait à sortir des cadres d'une communication de ce genre.
Je me bornerai donc, Monseigneur, à vous donner un court, très court
précis historique de nos lois scolaires depuis la date de l'organisation des
territoires.

Pour mémoire je rappellerai d'abord que l'acte constitutionnel des
territoires garantit à la minorité catholique le libre établissement d'écoles séparées partout où elle le jugera à propos ; et le pouvoir conféré à
la législature territoriale de légiférer en matière d'éducation est sujet à
ce droit. En conséquence, toute ordonnance méconnaissant ce droit
pourrait, de ce chef, être frappée de nullité par les tribunaux, au cas ou
le gouvernement fédéral refuserait de la désavouer, mais le désaveu est
le seul recours que nous pouvons invoquer dans le cas d'ordonnance qui,
comme celle de 1892, se conformant à la lettre stricte de la loi, en
enfreint cependant l'esprit au point de rendre tout à fait illusoire cette
sage disposition constitutionnelle.

Avant d'être foulée si cavalièrement aux pieds par la législature des
territoires, voyons un peu quelle interprétation cette législature, compo-
sée en partie des mêmes personnes, a donnée à cette clause de notre
constitution.

3. Le premier projet de loi en matière d'éducation a été présenté en
1883 par M. Olivier, représentant du district d'Edmonton au conseil des
territoires du Nord-Ouest. Ce monsieur est encore le représentant de ce

district à l'assemblée législative. Ce projet de loi qui fit dans le temps beaucoup d'honneur à son auteur par l'originalité de sa conception, après avoir subi une première et deuxième lecture, fut imprimé et distribué au public.

Ce même projet légèrement modifié, fut de nouveau soumis par son auteur à la considération du conseil du Nord-Ouest. Le lendemain l'Hon. Juge Rouleau en présentait un autre sur le même sujet. Le comité spécial, composé de messieurs Rouleau, Macdowall, Turriff, Ross et Olivier auquel ces deux bills furent référés, fit rapport quelques jours plus tard en présentant un troisième bill, résultat de la fusion des deux premiers. Ce dernier bill, après avoir passé par la filière des formalités ordinaires, devint bientôt l'ordonnance connue sous le titre : *Ordonnance des écoles, de 1884.*

Pour bien comprendre toute l'importance que comporte pour les catholiques l'interprétation donnée par l'ordonnance de 1884 à la clause de la constitution relative aux écoles, je mentionnerai que cette ordonnance dans sa forme finale fut adoptée unanimement par le conseil du Nord-Ouest alors composé de treize protestants et de deux catholiques. Si tous ne sont pas au même degré restés fidèles à l'esprit de justice et de libéralité qui distingue cette première législation scolaire, tous du moins méritent-ils notre profonde reconnaissance pour l'interprétation autorisée donnée par eux, à la clause relative aux écoles de l'acte des territoires du Nord-Ouest ; et je ne puis mieux la leur marquer qu'en vous donnant ici la liste de leur noms. C'étaient :

L'Hon. Edgar Dewdney, Lt. Gouverneur, les Hon. juges Richardson, Macleod et Rouleau, le Lt.-Col. Irvine et messieurs Breland, Reed, Olivier, Macdowall, Hamilton, Jackson, White, Ross, Turiff et Geddes. Les huit qui terminent la liste étaient tous représentants élus par le peuple.

Maintenant, voyons ce que contenait cette ordonnance : D'abord il était pourvu à la nomination d'un bureau de l'éducation, composé de douze membres, dont six protestants et six catholiques, se divisant en deux sections distinctes.

Ces deux sections siégeant ensemble n'avaient que des pouvoirs généraux. Par contre, les pouvoirs des sections siégeant séparément étaient étendus.

Ouvrons plutôt l'ordonnance à la clause 5 où s'en rencontre l'énumération et voici ce que nous y trouvons :

" Il sera du devoir de chaque section :

" (1) D'avoir sous son contrôle et sa direction les écoles de sa section, et de " passer, de temps à autre, les règlements qu'on jugera convenables pour leur gou- " verne et discipline générales, et l'exécution des dispositions de la présente ordon- " nance ;"

" (2) De pourvoir à l'examen et à la classification convenables de ses institu- " teurs, et d'adopter des mesures pour reconnaître les certificats obtenus ailleurs, et " canceller tous certificats pour raisons valables ;

" (3) De choisir tous les livres, cartes et sphères qui seront mis en usage dans

" les écoles sous son contrôle, et d'approuver les plans pour la construction de mai-
" sons d'école ; pourvu toujours que lorsque les livres se rapportent à la religion et
" à la morale, le choix fait par la section catholique de la commission soit sujet à
" l'approbation de l'autorité religieuse compétente ;"
" (4) De nommer des inspecteurs qui resteront en charge au gré de la commis-
" sion qui les aura nommés."

Par la clause 6 de la même ordonnance, le bureau et l'une ou l'autre des sections avaient le droit de tenir des assemblées à tout endroit des territoires que l'on pouvait juger à propos de choisir. La clause 25 sur laquelle j'attire particulièrement l'attention, se lisait comme suit :

" (25) Conformément aux dispositions de l'article 10 de l'acte des territoires
" du Nord-Ouest, de 1880, relatif à l'établissement des écoles séparées, un nombre
" quelconque de propriétaires domiciliés dans les limites de tout arrondissement
" d'écoles publiques ou dans deux arrondissements, ou plus, voisins d'écoles publi-
" ques, ou dont quelques-uns sont dans les limites d'un district scolaire organisé, et
" d'autres sur des terres adjacentes, non comprises dans les dites limites, pourront
" être érigés en arrondissement d'école séparée par proclamation du lieutenant gou-
" verneur, avec les mêmes droits, pouvoirs, privilèges, obligations, et mode de gou-
" vernement tel que précédemment stipulé dans le cas d'arrondissements d'écoles
" publiques."

Et à la clause 131, il était décrété ce qui suit : dans aucun cas un catholique ne pourra être tenu à payer des taxes pour une école protes-tante, non plus qu'un protestant à une école catholique.

En résumé donc cette ordonnance non-seulement reconnaissait aux catholiques le droit d'établir des écoles séparées, mais consacrait aussi le principe, maintenant méconnu, qu'à eux seuls appartenait le droit exclusif de les administrer.

Malheureusement, pour des raisons financières, étrangères toutefois aux dispositions que je viens de citer, cette ordonnance resta lettre morte.

4.—L'année suivante, elle fut amendée et refondue et nous eûmes alors l'ordonnance des écoles de 1885. Cette dernière ordonnance rédui-sait le nombre des membres du Bureau d'Education à cinq, dont trois protestants et deux catholiques sous la présidence du Lieutenant-Gou-verneur.

Les sections avaient encore l'administration générale de leurs écoles respectives, mais quelques uns de leurs pouvoirs étaient transférés au Bureau de l'Education, tels que la nomination des inspecteurs et des examinateurs et la règlementation des examens et la classification des instituteurs. Vu la composition particulière du Bureau d'Education, ces changements n'offraient aucun danger immédiat, quoiqu'ils indiquassent une tendance nouvelle et hostile.

La clause 25 de l'Ordonnance de 1884 restait intacte ainsi que la partie plus haut citée de la clause 131. L'obstacle financier qui avait em-pêché la mise en opération de l'Ordonnance de 1884 ayant été levé, l'Or-donnance de 1885 put être mise en vigueur dès les premiers jours qui suivirent la date de son adoption au mois de décembre 1885, par la nomination de messieurs Secord et Marshallsay et l'Hon. Juge Rouleau et le Rev. Père Lacombe comme membres respectivement des sections protestante et catholique du Bureau de l'Education.

Pendant quelque temps encore, les écoles alors en existence, tant catholiques que protestantes, contribuèrent à recevoir la subvention que leur faisait le lieutenant-gouverneur sur le fonds voté annuellement par le parlement fédéral pour l'administration des territoires, en vertu d'un arrêté en Conseil en date du 4 novembre 1880, sur la recommandation de l'Hon. David Laird, lieutenant-gouverneur des Territoires.

Les conditions de cette subvention furent rendues publiques à cette époque par une circulaire du secrétaire du lieutenant-gouverneur. Cette circulaire, en ce qu'elle marque les premiers pas faits par l'autorité civile, depuis l'organisation des territoires pour le soutien des écoles, et vu surtout son esprit de parfaite impartialité, n'est pas sans importance pour nous.

Croyant donc qu'elle pourrait être de quelque utilité à Votre Grandeur, j'en transcrirai ici une copie, faite sur l'unique exemplaire qui en reste dans les archives du gouvernement. La voici, dans le texte français :

AIDE DU GOUVERNEMENT AUX ECOLES. — Son Excellence le gouverneur général en conseil ayant, par un arrêté en date du 4 novembre 1884, consenti à donner un aide aux écoles du Nord-Ouest, en payant la moitié du salaire des instituteurs de toute école dans laquelle le minimum de l'assistance moyenne journalière ne sera pas moins de quinze élèves, j'ai ordre du lieutenant-gouverneur, de faire savoir que Son Honneur, jusqu'à avis subséquent, depuis et après le 1er janvier 1881, est prêt à payer trimestriellement ou semi-annuellement, la moitié du salaire de tout instituteur dans les territoires aux conditions suivantes:

1. Qu'un registre trimestriel de l'école soit envoyé à cet office indiquant les noms, l'âge et les études de chaque enfant fréquentant l'école, qui ne serait pas un enfant sauvage, à l'éducation duquel le gouvernement de la Puissance pourvoit autrement et pourvu que l'assistance moyenne journalière ne soit pas de moins de 15 élèves.

2. — Que ce registre soit muni d'un certificat signé par l'instituteur et deux des parents des enfants qui fréquentent l'école, déclarant qu'au meilleur de leur connaissance, ils croient que ce registre contient un état correct de l'assistance à l'école.

3. — Qu'avec ce registre on envoie à cet office une copie certifiée ou un état de l'engagement fait avec l'instituteur, indiquant par qui tel instituteur ou telle institutrice a été engagé, la somme qu'on est convenu de lui payer et seulement pour services comme instituteur.

A. R. FORGET,
Secrétaire du lieutenant gouverneur.

Office du lieutenant gouverneur.
Battleford, 14 décembre 1880.

P. S. Des blancs de registre peuvent être obtenus en les demandant à l'office ci-dessus indiqué.   A. E. F.

5.—Je reviens à l'histoire de la législation.

En 1886, la loi redevint ce qu'elle était en 1884 quant aux choix des inspecteurs et l'examen des instituteurs, mais limitait l'établissement des districts scolaires séparés en les rendant possibles seulement dans les limites de district public préalablement établis par la majorité. Cette limitation, qui existe encore, est désastreuse aux intérêts de la minorité et constitue, dans mon opinion, une violation de l'esprit de l'acte constitutionnel. Il arrive fréquemment que les catholiques résidant dans les limites d'un district public ne sont pas assez nombreux pour former à eux seuls un district séparé, mais que cette fin pourrait être obtenue s'ils pouvaient comme auparavant en vertu des ordonnances de 1884 et de 1885, s'adjoindre à leurs coréligionnaires résidant immédiatement en dehors de ces limites.

6.—En 1887, les lois scolaires furent de nouveau amendées et refondues. Cette fois, il fut fait un grand effort pour nous donner une législation sur le modèle de celle que l'on nous imposa plus tard en 1892. Ce coup fut d'autant plus difficile à parer qu'il était inattendu et partait de haut. Il y aurait aussi beaucoup à dire sur la lutte que l'Hon. juge Rouleau eut à soutenir au conseil des territoires du Nord-Ouest pour le maintien de nos droits, mais comme le tout se termine par un compromis, je me bornerai à mentionner en quoi l'ordonnance de 1887 différait des précédentes.

Le principe d'égalité de représentation qui avait jusqu'alors prévalu dans la constitution du bureau de l'éducation fut abandonné. On éleva le nombre des membres à huit, dont cinq protestants et trois catholiques. Les sections conservaient l'administration de leurs écoles respectives ; le droit de choisir les livres, de nommer leurs inspecteurs, et de canceller pour cause tout certificat d'enseignement ; is tous les autres pouvoirs seraient dorénavant exercés par l'ensemble du bureau. En compensation, il était décrété à la clause 41 de l'ordonnance qu'après l'établissement d'un district scolaire séparé, toute propriété appartenant à des contribuables de la croyance religieuse de tel district serait sujette seulement aux cotisations imposées par ce district. Cette disposition nouvelle nous était favorable et tout à fait conforme à l'esprit de la clause constitutionnelle. Quant au reste, la position resta à peu près ce qu'elle était avant.

En 1888, revision nouvelle, mais sans changement important. De même pour les amendements en 1889 et 1890. En 1891-92, l'on enleva aux sections le droit de nommer les inspecteurs de leurs écoles pour le placer entre les mains du lieutenant gouverneur en conseil.

7. Nous arrivons à la session de 1892. Le venin accumulé depuis longtemps trouva une soupape dans la personne d'un des nouveaux membres à l'assemblée législative que ne liait pas le compromis de 1887. S'inspirant de l'exemple encore tout récent de la province de Manitoba, tout fut remis en question. Mais cette fois en dépit des efforts de MM. Prince et Boucher, seuls représentants catholiques à l'assemblée législa-

tive, malgré les généreuses protestations de messieurs Clinkskill, Cayley, Betts, McKay Meyers et Mitchell, que révoltait la législation proposée, la majorité dirigée par M. Haultain nous impose sans pitié l'ordonnance, depuis devenue fameuse, de 1892.

En plaçant devant Votre Grandeur les noms des membres protestants de l'assemblée législative ayant droit à notre gratitude pour la part active qu'ils nous ont donnée dans la défense de nos droits, la reconnaissance me fait un devoir, Monseigneur, de mentionner d'une manière toute particulière la noble et fière conduite de M. Clinkskill au cours de la session précédente ; ce monsieur était alors l'un des collègues de M. Haultain dans le comité exécutif et non content de nous accorder le concours effectif de sa parole et de ses votes, il ne recula même pas devant le sacrifice de son siège comme membre du comité exécutif, en présence de l'inutilité de ses efforts pour conserver à la section catholique du bureau de l'éducation le droit que jusqu'alors elle avait exercé de nommer les inspecteurs pour les écoles placées sous sa juridiction.

Jusqu'à la date de l'ordonnance de 1892, on ne nous avait jamais dénié le droit d'administrer nos écoles, d'en régler le programme des études, de choisir les livres de classe, de contrôler l'enseignement religieux et enfin d'autoriser l'usage de la langue française partout où nous le jugions convenable. Ces droits étaient exercés par la section catholique du bureau de l'éducation et à la rigueur suffisaient pour conserver à nos écoles leur caractère distinctif d'écoles catholiques.

Maintenant tout cela est disparu : le bureau de l'éducation n'existe plus. Toutes les écoles publiques et séparées, catholiques comme protestantes, sont, par l'ordonnance de 1892, placées sous le contrôle direct d'un surintendant de l'éducation protestant et d'un conseil de l'instruction publique composé des membres du comité exécutif où les catholiques n'ont pas un seul représentant.

8. Il est vrai que, par une clause de l'ordonnance, il est pourvu à la nomination de quatre membres additionnels au le conseil de l'instruction publique, dont deux protestants et deux catholiques, mais en les privant du droit d'appuyer de leur vote, les opinions qu'ils pourraient exprimer et de ne pouvoir assister aux séances du conseil que sur l'invitation du comité exécutif, leur utilité se trouve réduite à bien peu de chose. D'ailleurs les faits par ont d'eux-mêmes. Depuis leur nomination ces membres supplémentaires n'ont été invités qu'à une seule séance du conseil d'instruction publique et cependant des changements radicaux ont été apportés dans l'administration de nos écoles, malgré les vives protestations du rév. père Caron et de votre humble serviteur qui ont l'honneur d'être les représentants des catholiques au conseil de l'instruction publique. Je sais que l'on a prétendu avoir obtenu l'assentiment du rév. père Caron au cours de l'unique séance que je viens de mentionner et à laquelle seul il put être présent en l'absence de son collègue. Mais le père Caron, dans une lettre qu'il vous adresse et qu'il a bien voulu me communiquer fait bonne justice de cette préten-

tion. Ces messieurs ont pu être sincères un moment en croyant que le Rév. Père Caron avait consenti à laisser enlever les livres de lecture catholiques en usage dans nos écoles pour les remplacer par des livres protestants ; mais, après l'entrevue que nous leur demandâmes et qu'ils nous accordèrent au mois de septembre dernier, il ne pouvait plus exister de malentendu à cet égard. Comme il était de notre devoir, de concert avec messieurs Prince et Boucher, présents à cette entrevue, nous protestâmes énergiquement contre l'introduction de livres de lecture protestants dans les écoles catholiques. Le règlement passé à ce sujet ne devenant en force que pour les fins des examens de promotion pour l'année 1894, il était encore temps de le modifier afin de le rendre conforme aux sentiments des catholiques. Au lieu de cela une circulaire était lancée quelques jours plus tard rendant obligatoire dans les écoles catholiques l'usage de livres de lecture protestants à partir du 1er janvier 1894 dans toutes les classes à partir du troisième *Standard*, ces messieurs se réservant le droit d'invoquer ce malentendu avec le Rév. Père Caron, comme justification de leur conduite.

9.—Comme résultat pratique nous avons donc, à l'heure où je vous adresse ces lignes, Monseigneur, l'étrange spectacle d'écoles catholiques administrées et inspectées par des protestants et dont le programme d'études est déterminé et les livres de classe soigneusement choisis d'après l'avis d'un surintendant d'éducation protestant. Voilà en quelques mots l'intolérable position faite à la minorité catholique dans les Territoires par l'Ordonnance de 1892 et les règlements du Conseil de l'Instruction faits depuis la date de la mise en force de cette Ordonnance.

Les Catholiques n'avaient-ils donc pas mille fois raison d'en demander le désaveu ; et devrait-on s'étonner de leur profond désappointement à la nouvelle de l'insuccès de leurs démarches ?

10.—J'aime à croire que la recommandation du Conseil Privé trouvera un écho dans l'esprit des membres du Conseil de l'Instruction Publique et de la législature locale et que l'on fera un effort généreux pour calmer le mécontentement toujours grandissant des populations catholiques. Que M. Haultain se rappelle ses hésitations de la première heure et quand cette malencontreuse ordonnance n'en était encore qu'à sa deuxième lecture. Qu'il reconnaisse aujourd'hui, comme il l'avouait alors, l'incompatibilité entre certaines dispositions de cette ordonnance et l'esprit de la constitution qui garantit aux Catholiques le droit à des écoles séparées. Voici entre autres bonnes paroles bienveillantes à notre égard ce que je trouve dans le résumé du discours prononcé par lui en cette occasion. Ne déclara-t-il pas en effet (*Regina Leader*) " That there were " some points in the bill he could not agree to and which he would " mention. He could not agree to the clause making uniform text book " compulsory, it was contrary to the constitution."

C'est bien là aussi ce que nous disons et nous avons été singulièrement étonnés de le voir plus tard en qualité de président du Conseil de l'Instruction Publique donner sa sanction à un règlement qui, d'après sa propre opinion, était contraire à la constitution.

Je termine ici ces quelques notes déjà trop longues en vous priant, Monseigneur, d'accepter l'expression de mon plus profond respect et l'assurance de mon entier dévouement à Votre Grandeur dans les circonstances pénibles que nous traversons.

A. E. FORGET

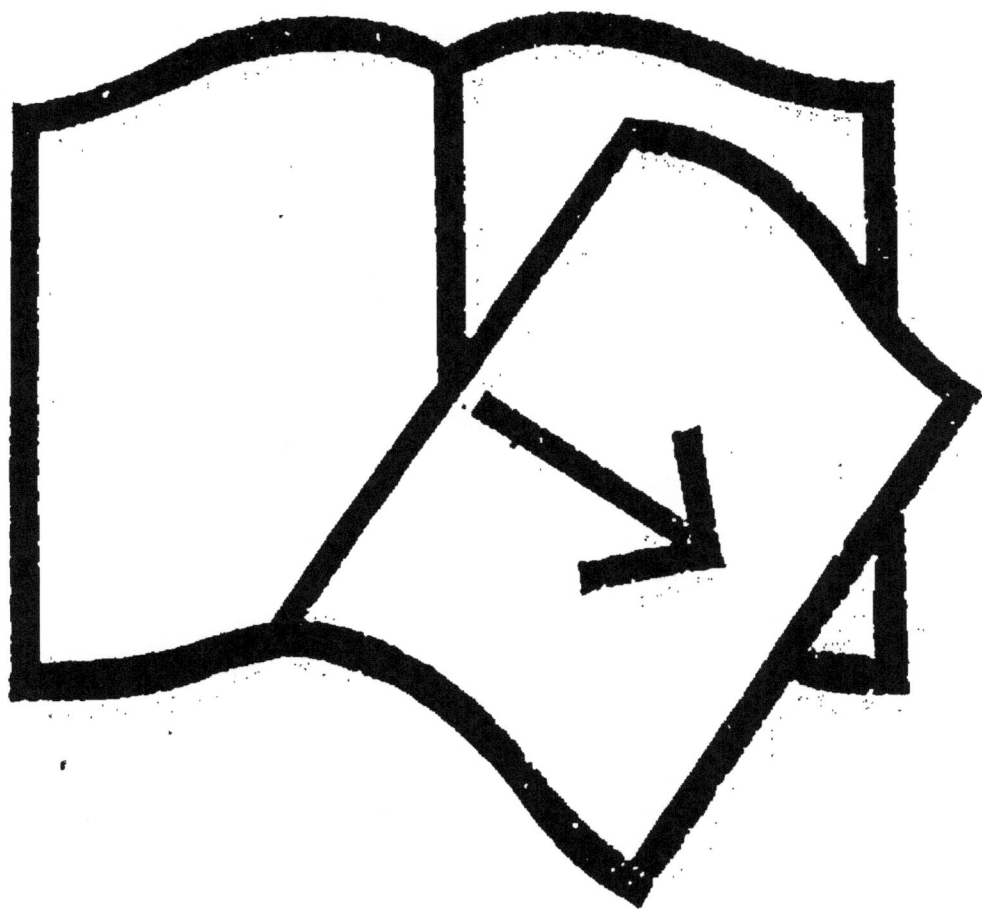

Documents manquants (pages, cahiers...)
NF Z 43-120-13